回顧録
愛あればこそ

久保木哲子

光言社

プロローグ

約五十年ぶりに訪れた母の実家がある長野県上田市の越戸《こうど》には、「さるすべり」の赤い花が咲いていました。二〇一四年七月のことです。

「さるすべり」というのは「猿滑り」ではなく、「百日紅」と書きます。木の肌は松やブナのようにごつごつしたものではなくて、それこそワックスがけしたような表面で、すべすべしています。木登りをお手のものとする猿もツルッと滑るイメージの「猿滑り」とは、よく言い得て妙なのですが、漢字で書くと「百日紅」となるのです。

初夏の六月あたりから九月まで三カ月以上も咲き続けます。だから「百日紅」と書くそうです。「さるすべり」の読みは木から、「百日紅」の名前は花から取ったわけですが、「百日紅」と書いて「さるすべり」と読むあたりが、いかにも和の精神を感じさせ、日本的だとつくづく思います。

線香花火を見ると、いつも想起するのがこの「百日紅の花」です。線香花火の火花は、夏の暑い太陽に照らされて弾けるような「百日紅」の花に似ています。ただ、線香花火は夏の夜を彩りますが、「百日紅」は真夏の抜ける青空と入道雲によく映える花です。線香花火は〝一瞬の花〟です。それゆえのはかなさと可憐《かれん》さが同居する美しさがありますが、「百日紅」は百日も咲き続ける強さがあります。私は線香花火の可憐さを永続させようとしているような「百日紅」に、生き方への指針を教えられます。

長い人生も、宇宙の歴史から見れば瞬《まばた》きにも満たない、一瞬の出来事です。そのはかないはずの私の人生を、夫は永遠の輝きの中に招き入れてくれました。

病に冒された幼い私を療養のため上田の実家まで送り届けてくれた母、「アルプスの少女ハイジ」ならぬ「上田の少女ハイジ」として雄大な大自然の中で抱くように育ててくれた祖母、それに静かな父や元気のいい兄弟など、人生にはかけがえのない人々の支えがあって、私そのものの存在が初めてあるのですが、何よりも久保木修己という夫なくして、私の人生はあり得ませんでした。

晩年、病に伏した夫はしきりに「ママ、ありがとう。すまないなあ」と言っていましたが、私こそ心底、「パパ、ありがとう」と言いたい気持ちです。

満州生まれの久保木は銀行員であった父親の転勤とともに満州各地や北京で過ごし、戦争が終わった一九四五年に引き揚げてきます。

慶應義塾大学に在学中、立正佼成会に入教し、庭野日敬《にっきょう》会長の秘書を務めますが一九六二年、同教団で輝かしい将来を約束された立場を捨て去り、当時、少人数の信徒しかいなかった世界基督《キリスト》教統一神霊協会（統一教会）に入教します。

一九六八年に発足した国際勝共連合の初代会長に就任した夫は、一九七〇年に韓国の朴《パク》正熙《チョンヒ》大統領と青瓦台《チョンワデ》で会見し、反共活動への協力を仰いだ上で同年九月、日本武道館でWACL（世界反共連盟）世界大会を開催しました。

翌年、中華民国の蒋介石総統と会談し、ローマ法王パウロ六世に謁見《えっけん》。一九七三年には「救国の予言」と題して、共産主義の脅威と危機の本質を訴え、全国百二十四カ所での巡回講演で、愛国者や憂国の志士たちを奮起させました。

「孤掌《こしょう》鳴らし難し」と言います。

孤掌、すなわち一つの掌《てのひら》だけでは音は出ませんが、夫と二人三脚で歩んだ歳月は忘れがたく、私への最大の遺産です。

二〇一五年四月

久保木哲子

目次

第三章　直球の求婚

第四章　久保木家の嫁に

第五章　珠玉の宝石箱―宮崎開拓

第六章　グランドツアー

第七章　「積善の家に必ず余慶あり」

第八章　世界平和は女性から

第一章　アルプスの少女哲子

母の実家を再訪

二〇一四年七月、約五十年ぶりに長野県上田市の越戸《こうど》にある母の実家を訪ねました。母の実家は叔父夫婦が跡を継いでいましたが、その叔父も他界しました。今、越戸の家を守っているのは、叔母一人です。子供も独立して町で暮らしているのです。

叔母は、広大な畑のほんの一部だけを使って、茄子《なす》にトマト、大葉などをこぢんまりと作っています。

叔母は、心尽くしのおやきや漬物を並べて待っていてくれました。私が何より懐かしく、宝物のようにも思う田舎《いなか》の味こそが、最高のおもてなしだとちゃんと心得てくれているのです。

甘い小豆のおやきもおいしいのですが、具材に漬物を入れたおやきも、往年の味を思い起こさせるなかなかのものです。

こうしたおやきや漬物を頂きながら、昔話に花が咲きます。

小一時間もたった頃でしょうか、「二階はどうなってるの?」と尋ねると、叔母は「がらくた置き場でぐちゃぐちゃだから、二階は開かずの間なのよ」と言いました。叔母にしてみれば、「二階は見せたくないので、部外者は入らないでね」と牽制《けんせい》したわけなのですが、私の耳をただ素通りしただけで、足は勝手に階段に向かっていくのです。お蚕《かいこ》様が飼われ、天日が直接差し込む洗濯干し場もあった二階は、幼児の頃の私の遊び場でもありました。あの二階は今、どうなっているのだろう。好奇心などという次元のものではない、衝動にも似た情念に突き動かされてのことでした。

叔母も強引に阻止するつもりはなく、「開かずの間なのに、しょうがないわね」と言いながら、二階へガイド役を買って出てくれました。

叔母は「がらくた置き場」と言っていたのですが、どうして、荷物をきちんと整理して置いてあります。それはフリーマーケットの売り場のように一区画ごとに仕分けされていて、年代物の箪笥《たんす》や着物など、民芸博物館のようにそっくり残っているのです。

箪笥に貼られた新聞は、昭和初期のものです。映画「ALWAYS三丁目の夕日」や小《お》津《づ》安二郎監督の「麦秋《ばくしゅう》」の世界がそのまま残されていました。

叔母が言った「開かずの間」というのは、意外とこの部屋の真実を語っていたのです。まさに「昭和初期の空気」が、そのまま封印されたような二階になっているのでした。

一階の台所は叔母が動きやすいような、明るいシステムキッチンになっていて、居間にはソファーが入っていたりして現代風の生活がそのまま反映されていますが、二階は昭和十年代にタイムスリップしたような異空間です。

階段脇の六畳間は新婚生活を始めた叔父夫婦の部屋だったのですが、叔母が、「寝坊していると、祖母に下の部屋から箒《ほうき》の先でどんどんと突き上げられたものよ」と、昔の話をするのです。

地層の中に眠る化石か深海の海底のように、時間が止まっています。それでもこの異空間への訪問者は私だけではないようです。一番、頻繁に訪れるのが森からの訪問者です。わずかな穴を見つけて、キツツキが入り込むのだそうです。叔母によると、「開かずの間」をこじ開けようとする、このキツツキこそが最大の敵だそうです。一旦、入り込むルートを見つけると、梁《はり》に巣穴を開けてしまうのです。

二階の「がらくた置き場」こそは、キツツキにしてみれば、外敵から身を守り、寒さや風雪を防ぎ、子育てをするには最高の場所なのです。ですが、玄関でノックをせず、中に入ってから「カッカッ」と梁にノックするマナー知らずですから、放置するわけにはいきません。そのため叔母とキツツキとの〝領土紛争〟は尽きないのです。ただ、今のところ

幼少の一時期を過ごした長野県上田市の母の実家

叔母の封印力が勝り、前線でブロックされている状況です。
　何より迫力があるのは百年の歳月を感じさせないこの二階の梁です。少々、曲線を持っていますが、かんなで一削りすれば、百年前の木肌がそのまま現出し、木の香りが漂うような立派なものなのです。二階の物置きになっている所には天井はなく、むき出しの梁が迫力を演出しています。
　所々、屋根瓦の下に敷き詰めた赤土が剥《は》げ落ちていますが、荒涼とした感じではありません。きれいに片付いている二階は、叔母の手が入ってきちんと管理されているのが見て取れました。
　古簞笥《たんす》には、ちぐはぐな取っ手が付いていました。戦時中、鉄の強制拠出の際、鍋や釜などとともに取り外されたものだそうです。私も当時が思い起こされ、「そうなったら、もうおしまいだわね」とつくづく思ったものです。

なお田舎で元気なのはキツツキだけではありません。特筆すべきは鹿の台頭です。昔は、近隣で鹿など見たこともなかったのですが、近年、鹿が越戸の畑や山を荒らすようになっているのです。山で木の皮を食べるため、立ち枯れする木が増えました。さらに畑の作物を荒らすので、鹿の被害は甚大なものになっています。

家の裏手に漁師が使うような広大なネットが置いてありました。何に使うのかというと、これで畑をぐるりと囲むのだそうです。鹿が畑に入り込まないようにするためのネットなのです。

わけても怖いのは、鹿が集団で飛ぶ時なのだそうです。鹿のジャンプ力は相当なものです。しかも、それが集団で飛ぶ時、間違えて着地付近の小藪《こやぶ》の中などをうろうろしていようものなら、上から鹿が降ってきたり、後ろ足で蹴飛ばされかねないのです。

いずれにしても、桑畑は杉や栗の木に植え替えられ、幼い頃の思い出はすっかり様変わりしていました。

てこちゃん

　さて、兄が生まれた翌年、私は年子で七人兄弟の長女として東京で生まれました。東京生まれと言っても、当時は豊多摩郡大久保町で、新宿駅から一つ北の大久保駅付近です。

　一つ上の兄は、幼児の時から愛嬌《あいきょう》を振りまき、みんなから愛されたものです。兄は顔も歌舞伎役者のようないい顔立ちでした。親も最初の子供ですので、かわいくて仕方がなかったのです。

　一方、年子で生まれた私はというと、愛嬌がないどころか、いつもぶすっとしていました。とにかく強情な子で、てこでも動かなかったのです。両親は、「哲子なんて名前をつけたから、この子は強情なんだ」と、哲子という名前を付けたことを悔いていました。

　小学校に上がるまで、あだ名は「てこちゃん」で、よく「てこ、てこ」と呼ばれたものです。愛嬌がなくて無口、それにおでこが出ていて、てこでも動かない。「てこ」には、そういう意味が含まれていたように思います。

　兄が面白おかしく話していても、黙って聞いて、じっと周りを見つめている。口にジッパーがかかったような「おとなしい沈黙の子」でした。

「女の子なのに……、兄と代わればよかった」といつも親から露骨に言われもしました。

そのコンプレックスを引きずったまま成長していったのです。

ただ、小学校からは立場が逆転しました。

小学校では私のほうが成績が良くて、兄は大切に育てられ、おっとりした性格になりやすい「惣領《そうりょう》の甚六《じんろく》」とでもいうか、とにかく愛嬌がよくて人当たりはいいけれど、勉強とかいうのは後回しなのです。今度は別の意味で「兄と代わればよかった」と言われたものです。

とにかく二十歳で兄が亡くなるまで、しばしば比較されました。

なお三歳違いで双子の弟が生まれましたが、大きく生まれた兄のほうが意外にもすぐ死亡し、弟は二千グラムにも満たない手のひらに乗るような未熟児でしたが、結果的に生き残りました。お医者さんも「この子はだめだろう」とおっしゃったのですが、母は残った弟を、それこそ着物の懐の中に二十四時間入れて育てたのです。木枯らしが吹き始める晩秋から桜が咲き始める春まで、厳しい寒さを避けるため、ずっと懐の中に入れて抱き続けました。それで一冬を越えたのです。子を思う母の強さと忍耐力には、子供ながらに頭が下がったことを覚えています。

今のように保育器があって、万全の態勢を取れる医療事情ではなかったのです。その小さな命の灯《ともしび》は、母の懐の中で守られた種火のようでした。

その下に生まれた弟も亡くなりました。結核菌が脳に入って、結核性脳膜炎でした。子供が全員、健やかに育つということは、今では当たり前のことのように思われがちですが、栄養状況も悪く医療環境も整備されていない当時は、違っていました。

その後、弟と妹が生まれ、結局、私の下には二人の弟と妹が育ちました。七人兄弟だったのですが、三人の男の子が亡くなったのです。

今、健在なのは四人です。いずれも、既に後期高齢期を迎えて久しいのですが、体の不調を訴える兄弟は誰もいません。

四人は毎年一回会合を持っています。二〇一四年は六月に、弟のところに集まりました。弟は父親と同じ日本橋の百貨店に入り、今は定年を迎え、家で悠々自適の生活です。

四歳で大病

私は四歳で大病を患いました。肺炎を起こして、レントゲンを撮ると両方の肺が真っ白になるような状態だったといいます。いつも母から「あなたは四歳で一度死んだのよ」と聞かされたものです。それこそ耳にたこができるほど、何回も何回も聞かされました。「一週間、とにかく寝ずにあなたを看病したのよ。あなたといったら、もう慶應義塾大学病院で隣の部屋まで響くような、唸《うな》り声を上げていたわ」

泣き声でなく、唸り声というのが何やらすさまじさを髣髴《ほうふつ》させます。

今のように完全看護態勢を取れる病院がない時代で、入っていたのは個室の特別室でした。母は病院に一週間、泊まりきりでした。高熱が下がらず、それこそ母が寝ずの番をしながら、酸素マスクが顔から外れないように手で口に当てがう必要があったのです。そういう不便極まりない医療の現場でした。

父はサラリーマンでしたから、帰りに病院に寄って母を休ませようと思って、「私が代わろう」と言ってはくれるのですが、父が代わって酸素マスクを持つと、もう三十分もたたないうちに、ゴーゴーいびきをかいて寝入ってしまうのです。当然、私の口に付けられていた酸素マスクは外れています。それで母は「あなたにつきっきりで看病したのよ」と言うのです。

点滴は心臓が動いているから落ちるようになっています。だから心臓が止まると、点滴液が落ちないのです。そして遂に、私の点滴液は止まったまま、落ちなくなってしまったそうです。私の心臓が止まってしまっていたのです。

それで先生は慌てて、もう少し高く上げてみようと、梯子《はしご》を持ってきて天井に届くくらい点滴のバッグを引き上げました。すると、また点滴液が落ち出し、心臓も動き始めたそうです。

四歳だった私に看護婦さんが、「偉かったねー。太い注射を何本もお尻に打たれたのに、よく我慢して偉かったねー」と言ったのを覚えています。

父は私が退院できてほっとしたのでしょう。退院祝いに、市松人形をプレゼントしてくれました。

酉《とり》の市では「いちまさん」と呼ばれる着せ替え人形で、元々は、衣装は購入者が作り、裁縫の練習台としても使用されたものです。

後にも先にも父が人形を買ってくれたことはありませんでしたから、心底、命拾いをしたと思ったのでしょう。

退院した時は、高熱で腰が抜けた状態で、歩けなくなっていたそうです。それでも、初めて買ってもらった市松人形を大事に抱いて座っていました。

それほど肺炎が重くて、長期入院したので足はフニャフニャで、何かにつかまらないと立つことすらできなかったのです。結局、赤ちゃんのように伝い歩きで歩いていました。それでしばしばトイレに行けなくて、おしっこを漏らしたそうです。そのおしっこの色が紅茶のような真っ茶色で、高熱で尿の色が変わってしまっていました。

病院の先生から「こういうお子さんは、田舎《いなか》があったら、そこに預けるのが一番いいんですよ」と言われた母は、「そうですか。それなら私の実家に預けます」と言って、それで母の実家がある信州の上田に四歳で預けられることになったのです。

小学校に上がるまで、空気のいい田舎で私一人、祖母たちに育てられました。

アルプスの少女哲子

長野の上田で過ごした四歳から六歳までの二年間は、「アルプスの少女ハイジ」のような生活でした。祖母たちの豊かな愛情と、自然環境に恵まれた黄金の時代だったのです。

山や畑は私の遊園地であり、バッタやとんぼ、てんとう虫などの昆虫はよくできた玩具《おもちゃ》でもありました。

とりわけ自然が持つ神秘的な美しさは、私の目を大きく開かせました。

忘れられないのは、豆の選別です。大豆、小豆、黒豆を収穫して、庭いっぱいに筵《むしろ》を敷いて天日に当てて乾燥させるのですが、どうしても豆が混ざってしまうのです。それをより分けるのは祖母と私の仕事でした。

叔父や叔母は、そんなことにかまってはいられないのです。養蚕《ようさん》事業もしていましたので、それは忙しかっただろうと思います。二階建ての蚕室《さんしつ》が別棟としてあり、母屋につながっていました。

それで「哲子はどこにいる？」と、しばしば祖母たちが私を捜しました。

「庭で豆の選別をやっているよ」と叔母が言うと、「哲子は、なんて根《こん》（気）のある子だいやあ」と何度言われたことか分かりません。

「三つ子の魂百まで」と言いますが、私の根の良さは、四歳のこの頃からの筋金入りのものです。

とにかく言われたことを黙々と一日中でもやっていて、しかも嫌々ではなく飽きないのです。

当時は、玩具やゲーム機があるわけではないですから、自然が遊び場でした。畑にも連れて行ってもらったり、いなごを捕ったりして、自然と共生した人生です。

まさに「アルプスの少女哲子」でした。

いなごは稲に止まっているのを、手で捕まえました。いなごというのは長野では、貴重なタンパク源でした。木綿の袋を持たされて、捕ってはどんどん入れていくのです。袋の中でいなごが元気に跳び跳ねて、しばらく木綿の袋がボコボコしますが、やがてその中でいなごは息も絶え絶えになります。そうすることで糞《ふん》とかを全部出し切り、体の中の異物を取り除くのです。
四、五歳の頃で、どう料理するのかは知りませんが、佃煮《つくだに》のように甘辛煮になっていて、みんな結構おいしそうに食べていました。
ただ、いなごは平気でしたが、とかげとか毛虫とかは絶対、だめでした。

夏の山はセミの大演奏場です。最初に登壇するのは六月下旬あたりから「チィー」と唱《うた》いだすニイニイゼミ。それから七月に入ると、ヒグラシが「カナカナカナ」と鳴き出します。このヒグラシにぴったりの時間帯は夕暮れ時です。夏の太陽が山陰に入ると、途端に涼やかな風が山から降りてきます。その時、「カナカナカナ」と鳴くヒグラシこそは、安らぎをもたらす山の精霊でした。

そしてミンミンゼミにアブラゼミと、大根役者の登場です。騒がしい鳴き声が炎天の夏本番をさらに暑くするのです。

そして信州に多いのがエゾゼミです。地域によってはクマゼミと呼ばれますが、本来のクマゼミとは別の種類です。エゾゼミは、「ギー」と鳴きます。

一方、クマゼミは「シュクシュク」と鳴くのですが、渡り鳴きという独特の生態があります。木にとまって「シュクシュク」鳴き出すクマゼミは、やがて別の木に飛んでいき、そこでまた鳴き始めます。それを繰り返すのです。

上田の夜空に輝く満天の星は神秘的な美しさに満ちていました。その夏の星に負けない煌《きらめ》きを放つのが、家の前の溝で育った蛍《ほたる》の乱舞でした。蛍の幼虫は点滅させる機能がまないらしく、ずっと弱い光で光り続けています。

夜になると、祖母に寝かせつけられるのですが、遠くで梟《ふくろう》がしばしば「ホー、ホー」って啼《な》くのです。

「哲子、早く寝ないと梟が来るよ。聞こえるだろう」などと言いながら、祖母はよく昔話をしてくれました。「桃太郎」とか一般的な日本の民話ですが、梟が怖いのと民話の面白いのとで、心の中はサンドイッチ状態になりながら眠りについたものです。

食べ物で思い出すのは、桑の実です。とにかく、その時代というのは、子供のおやつといっても、自家製の菓子ばかりで、袋菓子を買うということはありませんでした。街に行けばあったかもしれませんが、家では大豆を炒《い》って、それに白い砂糖を絡めて、おやつに作ってくれたり、信州ですから、最高の楽しみといえば、おやきでした。

小麦粉をこねて重曹《じゅうそう》（ベーキングパウダー）のようなものを加えます。それに餡子《あんこ》を入れて蒸すと、膨らんで蒸しパンのようになるのです。今のお焼きは焼いたりいろいろなものを入れるようですが、昔は蒸すだけで、具材もシンプルでした。それを昼の三時とかに頂くのです。祖母が、おやきを作ってくれました。

別棟には蚕室があって、蚕《かいこ》を飼う養蚕もしていました。当然、養蚕も手伝いました。毛虫は苦手ですが、蚕をつまむのは問題ありませんでした。

信州では、「蚕」ではなく「お蚕様」でした。蚕は、毛の生えていない禿《は》げた毛虫みたいなものですが、山梨県では「御白様《おしらさま》」と呼ばれたり、神奈川や千葉では「蚕子《ひめこ》」などと呼ばれ、いずれも敬称が付いていました。

五千年もの歴史を持つ蚕は、家畜化された昆虫で、通常は青白く、頭部に眼状紋が入っています。大きくなると体が透き通ってきます。その後、縮んで短くなってきて、ずんぐり型になります。青い色になった時が成長のピークで、その後は透き通った茶色っぽい飴《あめ》色に変化していきます。そしていよいよ、糸を出して自分を包み、繭《まゆ》を作り出すのです。そして蛹《さなぎ》になるわけです。

繭を作り出す直前の蚕は、見ればすぐ分かります。

白い体がだんだん赤味を帯びた黄色のような体になり、体も縮んできます。それを「ひける」と言っていました。ひけた蚕は、藁《わら》の床に入れて繭を作らせます。何日かすると、繭ができ上がっています。

その繭かきの時が、猫の手を借りたいほど忙しい養蚕農家の書き入れ時です。隣近所からも、たくさん手伝いに来て繭かきをするのです。それを一人前に「おらもやるで」と言って、大人の中で一端《いっぱし》の職人気取りでしたものです。

蚕は、ひょうたん型の立派な繭を作ります。それが二匹が一緒になると、団子のような大きな繭ができ上がります。そういうのは、「大玉《おおだま》」と言って、別にしないといけません。

また、病気になって体が腐る蚕もいます。病気になると薄い糸しか出せなくて、ぐしゃっとなった重量感のない繭にしかならず、さらにしみが付いていたりします。そうした病気の蚕が死ぬと、黒っぽいビショビショの腐った体液が滲《し》み出てくるので「ビショ」と呼ばれていました。それを他の繭と一緒にしたら汚れるので、捨てるほうに分けます。

とにかく三つのランクに分けないといけないのです。そういう仕事は大好きでしたから、大玉、普通の繭、それに「ビショ」という使い物にならない病気の繭に分けていきました。鶏の卵も毎日、たくさん取れます。布巾をぬるま湯につけて卵を一個一個、糞を拭き取ってきれいにします。これをしないと売り物になりません。それも一仕事なのです。そうしているのをじっと見ているのが私でした。そのうちに「おらにもやらして。おらにもやらして」とせがむのですが、「哲子には無理だよ」と、これだけはやらせてもらえませんでした。

二階から転落

上田では、大事故を起こしたことがあります。大きな二階の部屋の窓を開けると、手すりも何もない廊下が続いています。そこに洗濯物を干していたのでした。

ある時、祖母に作ってもらった赤い着物が、廊下の窓のところに干してありました。その干されている自分の着物のところまで、目をつぶって廊下を歩いていき、「私の着物はこれ」とつかめるかどうか試してみようとしたのです。つかんで違うものだったらだめだけど、見事つかめたら「きっといいことがある」といった運試しのような、ちょっとした遊びだったのです。

そうしたら案の定、足を踏み外して、二階の大屋根から庭に転がり落ちたのです。

「ギャー!!」

おなかを嫌というほど、大地に打ち付けました。しかし幸い、頭を打たなかったし、骨を折ることもありませんでした。おなかが少々痛んだ以外、けがと言えるようなけがはどこにもなかったのです。ただ胆のうがやられて、黄色い胆汁を口から吐き出していました。あの胆汁の苦い味は、まだ脳裏に残っています。

二階の大屋根から落ちた時の「ギャー!!」という異様な声を聞いて、祖母と叔母が慌てて駆けつけてくれましたが、とにかく大事に至らなかったことに安堵《あんど》したそうです。

それで一息ついた後、祖母と叔母は浄土宗の祈祷集会所に私を連れていって、「ありがとうございました。何事もなく、とにかく無事で助かることができました」とお礼参りをしました。

打ち所によっては、四歳の小さい頃だから、大変なことになったと思います。ただ、今になって思えば、体が柔らかい小さい頃だからこそ助かったような気がします。しばしば、幼児が階段から転げ落ちても無傷のままというのがありますが、体の柔らかさが衝撃を和らげるクッション役を果たしているのです。あれが、恐怖で体をこわばらせて転げ落ちていれば、いくら幼児といえども骨折は免れないことでしょう。幼児は無意識のまま、否、無意識だからこそ、自然な受け身をしながら階段を落ちているのだと思います。

その意味で柔軟性はパワーです。何も筋肉を鍛え上げるだけが、パワー増強につながるわけではないのです。ですから朝、ちょっと柔軟体操をするだけで、つまずいたり転んだりしても、骨を折ったりすることを防げるのかもしれません。

家には母屋のほかに、別棟に蚕様の二階建ての立派な建物や風呂、それに味噌《みそ》部屋がありました。それぞれの蚕室《さんしつ》は渡り廊下でつながっており、いちいち一階に下りて玄関や入り口から入り直さなくてもよいようになっていました。香港のセントラル（中環）などに行くと、駅とそれぞれのビルが二階部分で空中回廊のようにつながっていますが、その縮小版みたいなものです。

離れに造られた風呂は五右衛門《ごえもん》風呂ではなく檜《ひのき》風呂でした。水も普通、井戸から汲《く》んで風呂場まで運ぶ時代だったのですが、井戸からそのまま風呂まで流れて入るようにしていました。

なお味噌部屋には緑色の樽《たる》がたくさんあって、味噌や醤油《しょうゆ》、漬物といった自家製の発酵食品が作られていました。当時は多くの農家で当たり前のように、麹《こうじ》を使って味噌や醤油を作っていたものです。

　味噌は大豆を大量に煮て麹を入れ、塩を加えて作ります。私はただ豆のより分けをするだけでしたが、みんな忙しそうにやっていました。漬物といっても、たくあんだけでなく、長野には野沢菜がありました。

　前に、二階の廊下からの転落事故を書きましたが、秋になると、その廊下に干し柿を並べて干すのです。柿の皮をむいたものを並べて干し、むいた皮もそのまま干します。たくあんの漬物の糠《ぬか》の中に、渋柿をむいたしなびた皮を入れると、甘味が増して、こくのある漬物ができ、これがものすごくおいしいのです。

上田の正月

上田では一月一日に正月が始まるのではなく、十二月三十一日に作った料理をすべて出して、「お年越し」というのをします。

年越しそばを食べるのではなくて、三十一日の夜に一番のご馳走《ちそう》を並べるのです。そして一日は雑煮、二日はとろろ、三日はお汁粉……七日は七草粥《がゆ》と、とにかく十五日の鏡開きで正月が終わるまで毎日、決まった献立なのです。

長野の習慣がそうでしたから、東京でもそういうものだと思っていました。ところが、東京は、大みそかは忙しいので、そばだけ食べて年越しして、一月一日にお屠蘇《とそ》を飲んで、おもちを頂いて正月を祝うのだと聞いてびっくりしました。

ＮＨＫの朝ドラ「花子とアン」での食事場面のように、食事はみんな箱膳《はこぜん》でしていました。家族全員、それぞれ自分の膳があるのです。四歳でも、自分の箱膳があります。箱膳に引き出しがあって、茶碗と椀《わん》、おかずを載せる皿、箸《はし》と布巾が納められています。畳の部屋で、その箱膳を自分の前に置いて、正座して頂くのです。四歳の私には祖母がしてくれましたが、大人になったら自分の茶碗は自分で洗って、箱膳に戻すのです。

長野は海に面していないので、とにかく生の魚は食べられません。全部、塩漬けにしたブリや鮭《さけ》で、しょっぱい保存食です。それを塩抜きして調理するのが正月の料理で、刺身などというのは、四歳の頃は口にしたことがありませんでした。しょっぱい鮭をちょっと食べて、ご飯を頂いていました。

食事の好みというのは保守的で、大体、幼少時の食事が影響します。それで私が好むおにぎりは、今でも鮭のおにぎりということになります。

上田では田植えもしましたし、肥料も手でつかんで田に撒《ま》きました。懐かしい思い出です。今は、マンションのベランダで鉢植えのミニトマトを作ったりするくらいですが、大地から離れた都会生活というのは、どこか人間をおかしくするものがあるような気がします。

春には野イチゴや桑の実がスイーツ代わりです。夏は赤いスイカに黄色いメロンができました。それに甘酸っぱいハタンキョウがたくさんなりました。

桃はありませんでしたが、秋になると、黒い柿が実りました。普通はだいだい色ですが、上田の家の柿は中が真っ黒いものでした。甘柿も渋柿もあって、それらは売りものにはせず、家で漬物をつける時に使いました。ぶどうの棚もあって、自然の豊かな幸を四季折々楽しめました。

上田の食べ物

ねぎ味噌は有名ですが、ねぎ醤油というのもあります。青く長い三角帽のようなねぎに醤油を少し入れて口を締め、先から揉《も》んでいくと醤油とねぎが馴染《なじ》んでいきます。おやつ代わりに遊びながら、そのねぎ醤油を食べた記憶があります。

土手によく伸びた酸っぱいスカンポの味や、ぬるぬるした甘い野草も忘れがたい味です。春にはセリ摘《つ》みをし、ドジョウを捕って食べました。長野ではドジョウは貴重なタンパク源でした。

父はみそ汁にそのままドジョウを丸ごと入れたドジョウ汁や柳川鍋などが好物でした。私はみそ汁の椀の中に、そのままの姿で入っているので食べられませんでした。ですが、父はドジョウ汁の時は、頭から尻尾までパクリパクリと軽やかに口に入れていくのです。

私も柳川鍋だったら、ドジョウを開いて頭を取っているし、それにごぼうのささがきも入れて卵でとじているので、こちらのほうはおいしかったので食べましたが、ドジョウ汁だけは手が出ませんでした。

それに鯉《こい》こくが大のご馳走でした。鯉のみそ汁のことなのですが、結婚して主人と長野にご挨拶に伺った時、鯉こくを準備してくださって、主人は初めて鯉こくを食べました。主人の感想は「本当に、こんなにおいしいとは思わなかった」でした。

何より主人は実家の規模そのものにびっくりして、「これは旅館のようだね」と言ったのを覚えています。母の弟が先見性があるというか、時代の読みがとても早い人で、東京ですら裸電球に傘を被《かぶ》せたばかりだったのに、ここでは蛍光灯が輝いていましたし、部屋のドアも漆《うるし》塗りでした。結婚したのが昭和三十年でしたから、翌年の昭和三十一年のことです。

こうして上田では、一人で周囲の愛を独占したような立場でした。とりわけ祖母と叔母にはかわいがられました。叔母といっても、母の一番下の妹で、十八歳くらいの若い叔母でした。

上田の生活は自然環境だけでなく、初めて満ち溢《あふ》れる愛情を受けたといってもよいほど、情的にも満たされ、心のふるさとになりました。

四歳で親元を離れるということは、まだまだ親を恋しがって泣くはずなのに、それは全くありませんでした。よくわきまえていて、我慢していたのだと思います。ただ叔母が十九歳でお嫁に行くと決まった時は、毎晩、布団の中で泣きました。

六歳の一月、小学校に上がらなければならないので、東京から母が上田まで迎えに来ました。私は「ここがいい！」と言って、祖母の後ろに隠れて「東京に帰らない」と言い張ったことを覚えています。それでも結局、後ろ髪を引かれながら、しぶしぶ上田を後にしました。

第二章

花の女学生

小学生

小学校は大原尋常小学校（東京都世田谷区）でした。

田舎《いなか》では伸び伸びと愛情深く育てられ、身長はなんと一番後ろでした。「哲子は大女になるかもしれない」と父母がよく話していました。

ですから私は、小さい時から背が高いというのは良くないことなんだと思っていました。それで、どうしたら背が伸びなくなるだろうかと悩みながら小学校時代を過ごした覚えがあります。

ところが中学、高校に行ったら、全然背が伸びないのです。周りは思春期の成長期を迎えて、春の筍《たけのこ》や土筆《つくし》のようにすっくすっくと背が伸びていくのに、私の成長は遅々としていて、今度は小さいほうになってしまいました。

小学校は一クラス約四十人で一学年五クラスありました。当時は『礼記《らいき》』の「男女七歳にして席を同じゅうせず」（「男女は七歳ともなれば互いにけじめをつけて、みだりになれ親しんではいけない」の意）という儒教社会ですから、男子児童二クラスと女子児童二クラスに分かれていました。それにI組さんといって、今でいう特殊学級があり、全部で五クラスでした。

それで小学校の生活ですが、私の兄と弟は、きょうは学校でどんなことがあったのか、兄弟は競争するように母に報告をするのです。弟などは「学校で劇をやるんだ。僕は『ドン・キホーテ』のサンチョ・パンサをやるんだ」と言って、それを実演してみせたりもしました。

ですが、私は絶対、母に学校の報告はしないのです。ただ黙って兄弟の報告を聞いているだけでした。

しばしば母から「哲子は、いるのかいないのか分からない」と言われていましたが、とにかく無口で、部屋の隅っこでじっと聞き役に回り、まずしゃべることをしない子供でした。

それに比べ、母といったら、とにかく男の子と取っ組み合いをしたり相撲《すもう》をしたりするパワフルな母でした。兄弟たちも力任せに母に体当たりでぶつかっていき、それを母は体で受け止めて、どったんばったんするのです。それが毎日、続いていました。

一方、父は、黙って子供たちの様子を見ているだけという寡黙な人でした。そういう意味では、父と母のバランスが逆転しているような、不思議な夫婦でした。私は父に似たところがありました。

小学一年生の一学期、初めての父兄会で、先生は「お宅のお嬢さんはこの一学期、一度も手を挙げていません」と母に告げました。さらに先生は、「しかし、テストをすると百点を取るのです。分からなくて手を挙げないのでなく、分かっているけれど、手を挙げて発表することができないのです。学校というのは勉強ができてテストでいい点を取るだけではだめです。どんどん手を挙げて発言して答えるように、お母さんから言ってください」と母を諭《さと》しました。

それで母が家に帰ってくるなり、「あなたは一度も手を挙げたことがないと先生から言われて、本当にびっくりした」と言ったのを、今でも思い出します。

私はそんな子でした。先生から「読める人？」と聞かれても、読めても手を挙げないのです。算数でも「この計算、分かる人？」と聞かれても、分かるけど手を挙げないのです。元気のよい誰かが答えるのをただじっと見ている、そんなシャイな児童でした。

ところが二年生になると、先生が私を級長に立てたのです。今では子供たちが選挙をして決めますが、昔は先生が決めていました。一年生の時は先生がすべてを仕切るのですが、二年生からは級長がリーダーとしてある程度、クラスをまとめていきます。

基本的に私は真面目なものですから、毎日毎日、報告にしても、几帳面《きちょうめん》にきちっとしていました。リポートも書かなければいけないのですが、先生がとても助かったらしく、「宮崎さんにやらせておいたら助かる」とおっしゃっていました。

当時はともかく軍国主義の真っ只中《ただ》で、すべてが号令で始まりました。「起立、礼、着席!」「ゼンターイ、止まれ。一、二」と、とにかく級長というのは号令係のような役目でした。それを二年から六年まで、先生は替わるのですが、毎年しました。

夏休みには小冊子の宿題が出されます。それが出されると、夏休みの初日か二日でやってしまわないと気が済まないのです。それで、一気に全部やってしまいます。ところが兄のほうは、とにかく言われても諭されても、勉強しないのです。だから「哲子を見てごらん。あなたはお兄さんなのに、どうして勉強しないの?」と、私と兄の立場は逆転していったのです。

ロマンチストの父とリアリストの母

父のことについてもう少し書こうと思います。身長は一七五センチくらいでしょうか。当時の日本人からすれば長身で、「細身のイギリスのジェントルマンのようだった」と、母は誇らしげによく語ってくれました。

父の最初の仕事は、実業之日本社（出版社）で物書きでした。

家にはとにかく本が多くあり、革表紙の百科事典はもとより、芥川龍之介や国木田独歩、菊池寛、川端康成などの明治以来の文豪の作品が全集で揃《そろ》っていて、本に埋まるような生活でした。父はそうした文筆家との交流もあったらしく、一緒に撮った写真をよく見ました。だからこそ、私の「哲子」の名前にもこだわりがあったようです。

その後、子供が二人、三人と生まれ、給料が安かったので転職したのが日本橋のデパートでした。

黒一色のスーツにシルクハット、当時は山高帽と言ったそうです。アンブレラ（傘）をステッキのように持って通勤していました。こうしたいでたちが山の手の流行だったようで、「お父さんはカッコ良かったのよ」と母はしばしば言っていました。

だから、よくスリに狙われたものです。銀座線の地下鉄でカバンを切られたり、父が家に帰ってきて「ただいま」と玄関を上がったら、後をつけてきた泥棒が、脱いだ父の革靴を盗っていくのです。

我が家の茶の間は、父が帰ってきても、母中心の親子のコミュニケーションの場でした。

当時は玄関を閉めるような時代ではありませんでしたし、我が家の夜は、茶の間で八時、九時まで、母を中心にペチャクチャやっていましたから、外からでも、家人が玄関のほうにまでは絶対に来ないことが分かったのでしょう。それで、父が家に上がったら、脱ぎ捨てた靴が泥棒のターゲットになるのです。

盗まれるのが靴というのも当時の世情を表していますが、今でもバンコクの泥棒は、ドアのノブまで持っていくこともあるそうです。まだそういう国もあるのです。

結局、父はどのくらい靴を盗られたか分かりません。最後はとうとう、玄関に鍵を掛けるようになりました。

とにかく父はハイカラな人で、お金持ちに見られたのでしょう。田舎《いなか》育ちの母とは、およそタイプが違っていました。

父は口も肥えていました。デパート勤めということもあって、おいしいものを食べ慣れており、趣味も高尚でした。絵画とかの美術品や焼き物の器を揃えたりとか、これはデパート勤めということではなく、物書きで文学青年であったせいで、性格として持っていたものだと思います。

デパートではしばしば陶芸家の陶器や絵画の展覧会をするのですが、展覧会後に、職員には安く分けていただいていたらしく、いろいろお皿とか茶器とかが家にはありました。ところが母は、全くといっていいほど、そういうものには関心がないのです。みんな桐の箱に入って立派なものだったのですが、母は天袋という高い押し入れの中に、そういった父の貴重品を全部押し込んでいました。

ある時、父が会社からの帰りにイチゴを買ってきて、「お母さん、岩田藤七のガラスの器を出してちょうだい。あれでこのイチゴを食べよう」と言うのです。ロマンチストの父は、いつも使っている普通の器でイチゴを食べたくないのです。

母にすれば、押し入れの奥からその皿を出すのは大変です。桐の箱に一枚一枚黄色の布で包まれているような皿です。

母は当然、渋ります。

「お父さん、普段のお皿でいいでしょう？」

「だめだ、あの皿にこのイチゴを盛って食べるんだ」

父はこういう時ばかりは頑固親父に豹変《ひょうへん》し、聞く耳を持ちません。母も最後は折れて、仕方なく、その皿を出して頂くといった具合でした。父はお気に入りの器に盛ったイチゴを摘まみながら、決まって「こうした器で食べるのと普通の器で食べるのとでは、全然違う」と言うのです。日常生活にも、こうしたメリハリをつけて食を楽しむ父でした。紅茶も「あの赤絵のカップで飲もう」と言うこともありました。器によって、同じイチゴや紅茶が全然違った味わいや空気を醸し出すものです。

こうしたことで、豊かな感性を味わわせてくれた父であったように思います。絵の評価や、この器はこうだ、ああだと、父との会話はよく弾みました。私が器が好きになったのも、絵も、みな父の影響が大きいと思います。

父の趣味にはもう一つ、盆栽がありました。庭に幾段もの棚を作り、本格的なものでした。

母は強い人でしたが、父はおっとりした人でした。父は、そういう母を「良し」として受け入れていたのです。

母が賢明なのは、いざという時は、父を立てたことです。決して座布団のようにお尻の下に敷くだけの母ではなかったのです。

お手伝いさんもいましたので、七人と下宿人が常にいました。お酒を嗜《たしな》む父でした。だから、酒のつまみをこまめに作ってあげたらよかったのですが、母はそういうのが苦手な人でした。それで父は、自然に台所に入って自分のつまみを作るという生活になっていきました。

「お父さんが作ってくれたものは、とてもおいしいのよ。お父さんが作ってくれたカレーはこくがあっておいしい」と母はよく父を賛美し、みんなで頂いたものです。

母はそういうふうに、上手《うま》く父を手のひらの上で泳がせたのです。父も元来、台所が嫌いではないので、よくいろいろなものを作ってくれました。

なお当時、本当においしいと思ったのは、食パンでした。初めて食パンが世に出てきた頃に、「これが食パンというんだよ」と言って父が買ってきてくれました。座敷に火鉢を置き、五徳《ごとく》を置いて網を載せ、それで四人の子供に順番に食パンを焼いてくれました。バターをたっぷり塗って食べさせてくれたのですが、その味が今でも忘れられないくらいです。「どうしてこんなにおいしいのだろう」と思うほどおいしかったのです。

また、今のようにカレーのルーがある時代ではなかったのですが、どこでカレーの知識を得たのか、父は小麦粉をフライパンで焦げ茶色になるまで煎《い》って、カレールーを作り、本格的なカレーを作ってくれました。

母は料理を楽しんでするタイプではありませんでした。ほうれん草のおひたしなどは、ゆでて絞ったら、そのままザクザクと切るだけです。もちろん根があっちこっちにあったり、ぐじゃぐじゃ混じったままで、見た目にも決して麗しいものではないのです。母にすれば「口に入れば同じじゃない」と合理主義を持ち出すのですが、父は「これはないだろう」とショックを受けるのです。

それで父は自分で台所に立ち、根をきれいに揃《そろ》えて切り落とし、整然と揃えて切ってみせたりもしたものです。

皿も雑然と、いろいろな種類の皿を出すのを父は嫌がって、「どうして器を揃えないのか」と文句を言っていました。

そんな父を見ていて、だんだん器というものの見方を教わるようになりました。

陶器好き

私も器を揃えるのが好きで、いろいろ揃えていますが、それは父の影響です。

揃えるのは陶芸家が作ったものです。磁器と違って、陶器は手でこねてお椀《わん》や皿を作ります。私が気に入って集めてきたのは、鎌倉に窯《かま》を持っている新山光哉《みつや》先生のものです。

新山先生は、手で一枚の板をひねり出してお椀や皿を作り、その外側にも内側にも絵を描くのですが、とにかく味のある作品に仕上げます。その先生の器を全部、揃えています。

ふきの葉を採ってきて、無地のふきの葉の跡を付けるとか、とにかく素敵な陶器です。これはさすがに陶器が好きだった父の影響だと思います。

両親は、典型的な「ロマンチストとリアリスト」のカップルでした。得てして、男は年を取っても少年のようなロマンチストであり続け、女は夢見る少女を過ぎて家庭に入れば、大体がリアリストに落ち着くものです。その分、女性は強いのだと思います。

私は父の影響をとても受けていると思います。性格もそうだし、趣味も似ています。

母はとにかく男勝りの行動派でした。両親は狭山公園（東京と埼玉の境にある）に来られた文鮮明《ムンソンミョン》先生にお会いしたことがあります。その後で文先生は「哲子のお母さんは女将軍だね」とおっしゃいました。

本当にそうです。さすが鋭い指摘だと思いました。

祖父や祖母もしばしば「この子が男だったらどれほど良かったことか。この子が男だったら、一旗揚げただろう」と述懐していたそうです。とにかく久保木の勝共運動に対しても、母はどれほど多くの人を講演会に動員したか分かりません。

自分の井沢家と父の宮崎家の両家の親戚を全部、伝道して回りました。母の一声で親戚はパッと動きます。それくらい力がありました。ものすごく情が深くて、放っておけないのです。

先に、常に下宿人がいたと書きましたが、私の小さい頃、家に学生さんがいないことがありませんでした。今のように学生用のアパートがある時代ではなく、下宿といえば、一般の家の一部屋を借りる格好でした。家に大学生を下宿させて面倒を見ていたのです。

母は女学校の先生をしたことがあるので、学生を放っておけなかったのかもしれません。食事は出さないのですが、何かと面倒を見ていました。

韓国から来た下宿生もいました。当時は両班《ヤンバン》の人しか東大に入るようなことはなかったと思いますが、金《キム》さんという学生が我が家の二階の八畳の部屋を借りていました。その金さんには随分、勉強を見てもらったり、ドイツ語の歌を教えてもらったりした覚えがあります。耳で覚えた歌ですが、いまだに忘れずに覚えています。

小学生の時、雪景色を描かなければならないことがあったのですが、どんな絵を描いたらよいのか金さんに相談したら、白い画用紙に雪は描けないから、水色の画用紙に白い雪を描くようにしたらよいとアドバイスを受けたことを覚えています。その絵は賞を取りました。

母はとにかく人の面倒を見る人でした。

母の鉄の意志力

六十年に一度しかない丙午《ひのえうま》の星の下に生まれた母は、信州の山奥から女学校に行きたいと言い出しました。NHKの朝ドラ「花子とアン」の主人公、はなと同じようなものです。ただドラマでは、お父さんが学校に入れてくれましたが、母は自分の意志で親を捻《ね》じ伏せるような格好で女学校に行きました。

当時は「女は学校になど行かなくてもいい、お嫁に行けばいい」という時代でした。それでも母は親に内緒で上田高等女学校の試験を受け、合格してしまったのです。祖母や祖父からすれば、「この子は言い出したら、聞かないから」と半ばあきれ果てて女学校行きを認めたのでした。

母は山奥にある家から上田市内にある上田高女まで、片道三里（約十二キロ）の道を歩いて通ったのです。朝は五時に家を出て、帰るのは午後七時、八時です。秋から冬にかけては朝、夜が明けない暗いうちから登校し、星空の中を帰宅したのです。しかも、それを五年間続けたのですから、母の根性というか忍耐力には、すごいものがあったと思います。

小学校の六年が終わったら、女学校が五年。そのあと専門学校を出ると、学校の教師にもなれます。母は女学校だけでなく、専門学校にも行くと言い出すのです。親も再び「この子は言い出すと絶対、聞かないから」と諦めて許したのです。

それで母は、専門学校を卒業し、女学校の教師になりました。学校では、ものすごく面倒見のいい教師でした。生徒から「先生、先生」と慕われていたのです。

栃木県太田原市に医院を開いている医師がいらっしゃいます。その娘さんも母の教え子で、とにかく母を慕って、ずっと物を送ってくださいました。その家は、もともと物には不自由しない豊かな環境ですので、戦争が始まって食料に困窮する大変な時代になっても、途絶えることはありませんでした。

当時は、医者が診察しても診察代を受け取る代わりに物々交換のように物を納めるような時代でした。ですから医院には、物が有り余っていました。お金の代わりに患者が置いていったサツマイモやジャガイモなどを送ってくださるのです。そのおこぼれにあずかり、戦時中も、食料には不自由したことがありませんでした。そんな具合に守られた記憶があります。当時は配給で、極端な食糧難の中、草もなくなるほどでした。食べられるものは何でも食べていた時代です。

私たちは、戦争中は長野の実家にいて、白米を食べるということは、もちろんさすがにありませんでしたが、多少のご飯に芋や雑穀を入れて、食べられないことはありませんでした。

東京大空襲

第二次世界大戦末期に米軍により行われた東京大空襲は、都心を標的とした焼夷弾《しょういだん》を用いた大規模爆撃でした。とりわけ一九四五年三月十日の東京大空襲では、十万人の死者を出しています。

その東京大空襲の直前、私たちは上田に疎開しました。どんどん爆撃が中心地に迫ってきていたのです。それで「これは疎開しないとだめだ」と覚悟を決めたのでした。

一番先に疎開したのは弟です。弟は学校縁故疎開に参加し、父の故郷岡谷《おかや》（長野県）に疎開しました。次に母と私と妹たちが上田に疎開していったのです。ですから私は東京大空襲を知らないのです。

父と兄は残って、家を守りました。空襲の後、不思議なくらい、私の家だけぽつんと残っていました。前も後ろも全部焼けているのに、です。

でも玄関の屋根に焼夷弾が落ちたそうです。父が玄関に座って脚絆《きゃはん》を下肢に巻くため頭を下げているところに焼夷弾が落ちたそうです。

玄関の屋根に穴が開いたそうです。二〇一四年九月、御嶽山《おんたけさん》の噴火で噴石にやられた山小屋の屋根と同じようにです。

父や兄たちは、延焼を防ぐため、長い柄の火はたきで一生懸命叩《たた》いて火を消したそうです。その時、突然、風の向きが変わったのです。焼夷弾で辺り一面、火の海となり、全部焼けたのに、我が家だけそっくり残ったのです。

その家は井の頭《かしら》線の新代田《しんだいた》（東京都世田谷区）にありましたが、今は駐車場になっていて、影も形もなくなっています。

二度目の上田

それで、女学校一年の時、母の実家のある長野に疎開しました。二度目の上田生活が始まったのです。

母は子供たちを集めて「これからお世話になるんだから、一生懸命お手伝いしてね」と話して聞かせました。

既に大きくなっていますから、「アルプスの少女哲子」時代のように、おんぶにだっこのような具合にはいきません。寝食のすべてを叔父、叔母の世話になるわけですから、農家の手伝いを一生懸命しなくてはいけません。

でも私は上田の生活は、これが初めてではなく、冬の麦踏みや春の田植えなど、春夏秋冬、なすべきことは全部、頭に入っていました。

どのようにして米は作られるのか、麦はどのように蒔《ま》いて育てるのか、生活実感として分かっていましたから、戸惑うことは何もありませんでした。一年の農家のやることは、既に頭に織り込み済みでしたから。

昔、農民のことを百姓といいましたが、百の仕事があるから百姓と言ったそうです。トマト一つを育てるにも、脇芽をどんどん取っていかないと実に育てることは難しいのです。

雪下の生命

雪の下から掘り出したほうれん草は、どれほど甘かったことでしょうか。普通のほうれん草とは全く違う甘さに舌鼓《したつづみ》を打ったものです。

当時のほうれん草は、今の西洋ほうれん草のように、空に向かってすっくと伸びた長いほうれん草ではなく、地べたに張り付くようにして伸びたほうれん草でした。

今ではそういうおいしいほうれん草は食べられなくなりました。その味は今でも忘れられないほどです。

ほうれん草は、雪を被《かぶ》っても大丈夫です。むしろ、冬山で遭難した登山者が雪洞を掘って吹雪をやり過ごすように、氷点下の風がビュービュー吹く地表より、雪洞のような雪の中のほうが暖かいのです。それでも、やはり氷点下になります。そうした冷温に耐えるため、雪の下に埋もれた植物は、葉に糖分を蓄え、氷結から身を守ります。糖分があると氷結温度が零度以下になるのです。

冬越えのキャベツや白菜が甘いのは、冬の寒くて厳しい環境を通過するからです。

寒締めほうれん草というのがあります。ほうれん草を温室で育成するのですが、出荷前に一週間ほど温室を開け放ち、寒気を入れて甘くするのです。寒締め小松菜や春に出荷される雪下にんじん、さらに完熟みかんというのもありますが、いずれも甘味を出させるために寒さを利用するものです。

冬の寒気と遭遇することで、野菜はぐっと甘くなるのです。これは古来からの日本人の知恵です。「かわいい子には旅をさせろ」と言いますが、これも似たようなものなのかもしれません。

それから米ですが、新米の味はしっかり脳裏にしみ込んでいます。ですから東京で新米として売り出しているものなんて食べられたものではありません。大体、新米とは名ばかりで、稲刈りをしてから時間がたっていますから、味はぐっと落ちてしまいます。

これは取れたての新米を口にした人にしか分からないものです。言葉で説明しきれるものではなく、口に入れてみなければ分からないものですから。

それほど香りも粘り気も味も、全然違っているのです。おにぎりを作って田んぼに行ってほおばる、あの味というのは、自分が作って収穫してかまどで炊く、こういうことをしない限り、本当は分からないのかもしれません。

祖母のいる上田には、上田県立高等女学校という長野県で唯一の県立女学校がありました。私は母と同じ、その女学校に通うことになりました。

私の時代はバスが通っていて、歩かなくてもよくなっていたのですが、結局、バスを使うことはありませんでした。そのバス停までかなり距離があり、さらにバス停で待っていても、来たバスに必ずしも乗れるわけではなかったのです。というのも、当時のバスは非常に混んでいて、それこそバスにぶら下がりながら乗らなければならないような状況でした。大勢の人で混んでいても乗れれば、それでもよかったのでしょうが、しばしば満員バスからはじき出されてしまいがちで、乗れる確率は非常に低かったのです。そもそも、需要に供給が追いついていないモノ不足の時代でしたので、バスの本数自体が少なかったのです。なお当時のバスは、木炭バスでした。

村里にあるバス停まで家から歩いていっても、そのバスに乗れなかったら学校に遅刻します。それで通学には、確実な鉄道を使いました。

別所というのは別所温泉で有名な歴史のある湯治場でしたので、上田から線路でつながっていました。ただ駅のある別所までは、家から山を一つ越えなければなりません。家から別所駅までは歩いて約五十分ほどの距離ですが、私以外誰も使わない獣道のような道を通らなければなりませんでした。

雨の日など大変でしたが、何よりも帰りが真っ暗になってしまいます。峠には電灯などありません。ましてや懐中電灯のような便利なものができたのは後のことですから、それこそ勘と手探りで歩くしかありませんでした。

月夜か星明かりでもあれば別ですが、雨雲がかかると、それこそ自分の手すら見えない漆黒の闇です。

だから、そろそろ曲がり角に差し掛かるなと思えば、そちらのほうに方向転換するのです。ただ、塩入《しょねい》りの峠道は、それこそ人一人通れるだけの幅が四十センチ程度ですから、一歩踏み外すだけで草の崖から滑り落ちることもあるのです。

それで草の崖から滑り落ち、涙混じりの雨に濡れながら帰ったこともあります。闇の雨の中を「お母さーん」と泣き叫びながら、泥沼に落ちた子犬のように震えながら家路についたのです。

なぜ家路につくのが暗くなるほど遅くなるかというと、訳がありました。戦時中で、学校は勉強する所ではなくなっていたのです。敵国語の英語もご法度でしたから、英語を習うようなこともありませんでした。

学校は学び舎《や》ではなく、戦備品を作る労働の場だったのです。教室にはミシンが入って、軍服を縫っていました。学校は軍服作りの縫製工場に変わっていたのです。女高はそれこそ女工に変わってしまっていたのです。

ミシンを踏んで軍服を縫う縫製作業は、上級生の仕事です。私は一年生でしたから、ボタン付けだけしていました。それは、私の得意とするところで、それほど苦になるものではなく、黙々とこなしていきました。

一九四五年になり戦争末期となると、毎日、山に連れていかれて開墾作業ばかりしていました。その開墾して開いた畑にはジャガイモを植えていきました。ジャガイモを半分に切り、切り口が腐らないように灰を塗って植えていくのです。帰りには薪《まき》も背負ってきます。私は「疎開の子」と言われないように頑張りました。

高女の東北に太郎山がそびえていました。太郎山は、今では上田市民の憩いの場になっています。

太郎山は市街地の近くであるにもかかわらず、イノシシが出ますし、国の特別天然記念物ニホンカモシカも棲《す》んでいます。これら大型哺乳動物が棲める太郎山には、広葉樹の林がまだまだ豊かであるということでしょう。近年には登山道にツキノワグマが現れ、登山禁止になった年もあったほどです。

高女時代に開墾事業で人の手が入った太郎山ですが、戦後の一時期を過ぎると一気に自然に押し戻され、ナラやブナなどの広葉樹林が生い茂る、縄文時代の豊かな自然が戻っています。

なお、この太郎山では、春先に、地元で「太郎山の逆さ霧」として知られる珍しい気象現象が見られます。山で発生する霧は、雲となって山を覆い隠すのが普通ですが、太郎山では、北風と温度差のため、白い霧が稜線から谷を滝のように麓《ふもと》に向かって流れ落ち、山の中腹で消えてなくなるように見える時があり、とても幻想的です。

山歩き

山歩きもしょっちゅうしました。秋になると、山々には無数のきのこが生え始めます。叔父さんたちと一緒に入ってきのこ狩りをするのですが、抜けるような青空の下、紅葉を愛《め》でながら、実に楽しかった思い出です。

マツタケやナメコ、それにシメジ、キシメジ、ムラサキシメジなどいろいろな雑きのこが取れ、腰につけた籠《かご》に入れます。毒きのことの違いをちゃんと教えてもらっていたので、識別する目は持っていました。

さすがに四歳の時には山に入った記憶はないのですが、疎開の時、女学生になってからは、山に山菜を摘《つ》みに行ったり、きのこ狩りを楽しみました。上田の家は山を持っていて、マツタケの出る赤松の山もあったのです。また木々に絡みつくようになっているアケビも秋のご馳走《ちそう》です。柔らかい紫色の実を開いて、種ばかりですが、カエルの卵のようにゼリー状になっている甘い部分を吸い取って、種はぺっと捨てるのです。

家では私は風呂焚《た》き当番でしたが、この仕事が大好きでした。最初に新聞紙を丸めてぼやという小さな木の枝に火をつけ、それが燃えたところに割った薪《まき》を重ねていくのです。一度、燃え出したら、そこにいなくても足していけばいいのです。火をつけるのは得意でした。

春になれば、冬眠から醒《さ》めた蛇がごそごそと動き出します。大きなアオダイショウが出てきました。蛇は臆病で、人が近づくと逃げていくのですが、怖いのはマムシです。私はマムシだけでなく、蛇が出るともうびっくりして、逃げ出していました。

何よりこちらは履いているのが下駄なので、生足への恐怖が募るのです。靴下などというものはありませんでした。足に付けるのは足袋《たび》ですが、それも残り布で作るという時代でした。下駄の鼻緒なども全部、手作りです。何にもない時代でしたので、全部ハンドメイドでした。

何もないから、みんなが力を合わせざるを得ません。それで家族や親族の絆《きずな》は強いものがあります。相手を思いやる心が強いのです。

四歳頃は着流しの着物でしたが、女学校に行く頃には、細い襟《えり》をつけた上《うわ》っ張りとモンペでした。学校に行くのも、それでした。

なお別所温泉は、お湯が牛乳のように白くて硫黄のような臭いのする温泉でした。日帰りで誰でもお風呂に入れます。別所温泉の「玉の湯」だったでしょうか、女学校からの帰り、山越えの家路につく前に一風呂浴びて、太郎山での開墾作業の疲れを取ったものです。

約五十年ぶりに越戸を訪れた際にも、叔母の長男が料理長をしている温泉で一泊しました。屋上の露天風呂から眺める太郎山にはガスがかかっていましたが、懐かしい景色を愛《め》でながら入る故郷の温泉は格別でした。

有島武郎も『信濃日記』に「別所はいい温泉場だった。遠くから望まれていた男神女神の二山の間から流れ下る逢初《あいぞめ》川という小渓を中に挟んで立ち連なった旅籠《はたご》は、ここの起源の古さを自ずから物語っている」（現代文で表記）と書いています。

結局、二年間、上田に疎開して、終戦になって東京に戻ってきました。また東京の鴎友《おうゆう》学園に戻ることになりました。

花の女学生

女学校時代は、クラスで仲のいい友人、七人とよく遊んだものです。私を含めた八人は、なぜか気が合ってパッとグループをつくった感じです。「八グル」という名前が付いていました。仲のいい普通の友達です。

女学校のクラスは一年から五年まで持ち上がりですので、そのまま五年間、八グルは続きました。

この八グルは特に勉強ができるわけでもなく、何か突飛なことができる人がいたわけでもないのですが、とにかく楽しかった覚えがあります。プライベートの行動も八グルで、よく映画などを見に行きましたし、小旅行も楽しみました。終戦後、少しずつ豊かになる時代を実感したのも、この頃のことです。

クラスの他の人たちは、その八グルの中に入りたい、仲間にしてもらいたいという憧れのようなものがあったようです。

女子ばかりの高校ですから、「S」という特殊な世界もありました。Sというのは「シスター」のSで、恋愛感情が交じった女性同士の関係を表したものです。『花物語』などを書いている作家の吉屋信子さんの小説は、ほとんどSの世界を描いたものです。男女関係の前段階で、少し濃い目の姉妹関係に入っていきます。私にもかわいい〝妹〟がいました。お姉様を慕って、下級生が下駄箱の中に手紙をくれたりします。男性との恋愛感情と一緒です。

女学校は五年制でしたので、女学校卒業は十八歳のことでした。経堂《きょうどう》（東京都世田谷区）にある鴎友《おうゆう》学園高等女学校を卒業しました。

最近、弟が「お姉さん、確か鴎友出たんだよね」と言うのです。「そうだけど」と答えると、「今、鴎友というのはすごいね。偏差値が上がってきているね」と言っていました。

鴎友の創設者は市川源蔵さんといって、府立第一高女をつくった方でした。女子の府立第一高女というのは男子の日比谷（府立一中）、戸山高校（府立四中）に匹敵する名門です。梶栗恵李子さんがそこを出ておられ、その姉妹校が鴎友学園です。

第三章

直球の求婚

兄の死

兄は、十九歳の第二次大戦真っ只中《ただ》、土砂降りの雨の中、竹槍か何かを使った学徒動員の教練をやらされて、風邪をこじらせました。それが発端で結核になったのです。

結核というのは当時はやった病気で、兄は粟粒《ぞくりゅう》結核でした。これは結核病巣から大量の結核菌が血流を介して全身の組織や臓器に拡散され、全身に粟粒状の結核結節ができるものです。この結核菌はとても早く増殖し、進行の早い病気だったそうです。

当時、結核の出た家の前は、みんな鼻をつまんで通るほど嫌われた病気でした。それでも病院で隔離するということはなく、一般病棟での普通の入院でした。母はとにかく、兄の病気を早く治したい一心で、焦るように立正佼成会に入信したのです。

その兄の名前の画数は二十一画で、「天地総同数」でした。佼成会によれば、「このお子さんは、十九歳までしか生きられない運命で生まれてきた」ということでした。

結局、兄は二十歳で寿命が尽きました。

最期に兄が言い残した言葉は、「僕が悪い因縁を全部、背負って行くから、お母さん、後を頼む」というものでした。

本当に悪い因縁を全部持っていってくれた兄でした。兄の死以後、肺浸潤《しんじゅん》だった私も、パス（結核の薬）を飲んでいた弟も、病床に就くことなく、みな健康になっていきました。兄が自分の運命を悟り、苦しい息の中で手を合わせ、「南無妙法蓮華経」と唱えていたのを覚えています。その肉親の壮絶な死を目の当たりにして、私の魂が揺さぶられたのは事実でした。

それまでは、母が佼成会に入ったことを嫌悪していました。母が唱える「南無妙法蓮華経」が嫌で嫌でたまらなかったのです。父もそうで、父と二人でなんとか母に佼成会をやめさせようといろいろ反対しました。しかし、母の信心は堅く、とにかく治るものなら何とかしたいという一心でした。

母は佼成会から「（姓名鑑定によると）長男、長女は持てない」と言われていました。それで母は「このままだと、次はあなたまで兄さんのようになると言われている」と言い、それで「佼成会に一緒に行きましょう」と私を誘いました。

私は「宗教に入って病気を治すなんて、もうこの時代にはおかしい。宗教で病気なんか治らない」とずっと、母に言ってきました。それでも母は兄が亡くなるまで、一生懸命していました。

兄が亡くなった後、「ほら、みなさい。宗教で病気なんか治らなかったじゃない」と母に言いました。

それで母は宗教をやめてくれるかと思いましたが、母の信心は変わることはありませんでした。結局、変わったのは私のほうでした。

「僕が悪い因縁を全部、背負って行く」と言って、位牌になって仏壇に納まった無念の兄を思うと、線香の一本もあげないといけない、お経もあげないといけないと、私の心は変わっていきました。

兄の死が、私を宗教の道に導いてくれたと言っても過言ではありません。

そもそも宗教というのは好きではありませんでした。どちからというと理詰めのタイプで、宗教で病気を治すなどというのは迷信扱いしていました。宗教というのは弱い者が頼るもので、「なんで宗教なんか」と言って、そっぽを向いていたのです。

そもそも学校ではバイブルクラスに入り、賛美歌を歌っていました。それで家に帰ると「南無妙法蓮華経」とやっていますから、余計耳に障《さわ》るのです。

しかし、母にすれば、次は私が取られるとの強迫観念がありますから、必死です。

それは、私が女学校を卒業した頃の話です。

父はあるデパートの人事部長をしていたので、私はそのデパートに入れるようになっていました。ただ身体検査だけはしないといけないというので受けると、肺浸潤が始まっていました。

肺浸潤というのは当時の医学用語で、胸部X線写真で結核が疑われる影が確認されるものの、空洞を伴わず、また喀痰《かったん》検査で結核菌が見られないけれども、肺結核が強く疑われるというものでした。いわば結核の始まりのような病気でした。

血沈が三十まで下がっていました。これでは到底、普通の勤めには耐えられない体と診断されたのです。

立正佼成会に入教

兄が結核で亡くなり、私がその一歩手前の肺浸潤ですから、母にしてみれば、佼成会で言われたとおりになっているわけです。その母に泣きつかれるような形で「このままだと次にあなたの命が危ない。悪いことは言わないから、あなたも佼成会に行きましょう」と言われて、「そういうことってあるのかな」と渋々ですが、初めて杉並の佼成会に顔を出すようになりました。

私が母に反対していたことを、母は信者さんに話していたのでしょう。私が母に連れられて初めて行った時は、大変でした。「お嬢さんが来られた。どうぞ、どうぞ」と前のほうに引っ張り出され、法話を聞きました。

母が熱心に佼成会の活動に取り組んでいたので、私は母の代わりに家のことをしなければなりませんでした。それで、佼成会では日曜組に入りました。

その頃、佼成会は日本式建築の正殿でしたが、すぐに信者が増えて大聖堂の前に行《ぎょう》学園ができるようになります。

もし佼成会に行っていなければ、久保木修己と会うこともなかったでしょう。

洋裁学校

当時、母は佼成会の副支部長という大きな責任を頂いている立場でしたので、毎日、家を空けなくてはなりませんでした。地方にもしょっちゅう行っていましたから、帰ってこない日もありました。私は長女として、いやでも下の弟や妹たちの面倒を見なければならない立場でした。ご飯を作り、洗濯、掃除と母の代わりを務めなければならなかったのです。自動的にそうなってしまったのです。

それでも好きな洋裁学校になんとか行きたいと思っていました。でも、なかなか言い出せませんでした。私が好んだのは洋裁とか手芸といったもので、手で創造するものは何でも好きでした。

それでも意を決して「洋裁学校に行きたい」と母に言ったら、「それは行かせてあげる」と、すんなり認めてくれました。それで洋裁学校に行くことになります。

女子が大学に行くというのは、まだ珍しい時代でした。当時の女性は、女学校を出ると専門学校に行ったり、お茶やお花、それにお料理といった花嫁修業をして、お嫁に行く時代でした。洋裁学校以外の時間は、母の代わりをしていました。

今、妹や弟からは「お姉さんは当時、怖かったよ。お母さんより怖かった」と言われます。母は口うるさいほうでしたから、弟や妹に対して母と同じようにしないといけないと思って、していたのではないかと思います。

会長室の接待係

肺の病気は進行することもなく、そのうちに佼成会では庭野日敬《にっきょう》会長の応接室の接待係を担当するようになりました。霊友会から分派した立正佼成会は、長沼妙佼先生が教祖的立場で、庭野会長はその下で対外的な渉外を主な役割とされていました。妙佼先生は妙佼先生で、応接室を一つ持っていました。

庭野会長は、いろいろな銀行の支店長の訪問を受けました。要するに、佼成会には多くのお金が入るので、それを「私どもの銀行にお預けください」ということなのです。

庭野会長には、ほかにも様々な面会者が訪問してきます。予約済みの人や常連さんなら問題はないのですが、中にはいかがわしい訪問者もいますので、そうした人々をどう判断するか、結構難しい仕事でした。私が接待する前に、客を庭野会長に会わせるかどうかを守衛室が判断して、振り分けていました。

私の仕事というのは、この客はどういう人なのかを判断することです。最初はお茶を出し、面会が長引いたらお茶菓子か果物を出します。さらに長引いたら、コーヒーを出すのです。そしてもっと長引いて、時計の針が十二時を越し、一時頃になると、気を利かせて食事の準備をするのです。こうしたことを全部、私が判断しなければならないのです。

そうした判断は結構難しいもので、「あんな客に果物を出さなくてもよかった」と叱《しか》られたり、逆に「コーヒーくらい、気を利かせて出しなさい」と言われたり、いろいろあります。食事まで用意すべきかどうか、誰も言ってくれないのですから、とても訓練されました。

妙佼先生の接待役だった女性とは、よく話しました。同じような仕事ですし、年も近かったのです。今でも年賀状が来ます。

妙佼先生は、信者さんだけに、お会いになりました。宗教団体の会長などにはたまにお会いになりますが、庭野会長が外部との折衝を一手に引き受けていました。そうした振り分けがあったのです。それで庭野会長を訪ねる人は、政治家だったり、寄付を募る人だったりと、幅が広かったのです。

突然のプロポーズ

当時、久保木は佼成会の職員になり、調査統計係で日曜組の班長でした。まだ慶應大学

野球に熱中した久保木。
甲子園には二度出場している

に通っていた時代です。

ある時、久保木が「きょう、送らせてください」と言いました。送るといっても、バス停は立正佼成会の目の前にあるのです。本部を出て、ものの二、三分といったところです。

「バス停まですぐですから」と言っても、久保木は、「とにかく送らせてください」と言って付いてくるのです。

バスが来る直前に「僕はあなたと結婚……」と言われたので、びっくりしてバスに飛び乗りました。その後ろから久保木は「手紙を書きますから」と大らかに言ってのけたのです。

当時、私は大の慶應ファンでした。大学野球くらいしか娯楽のない時代でした。早慶戦がある時は、必ず神宮球場まで見に行っていました。

ただ久保木が野球部出身の慶應ボーイであり、女性たちの憧れの的であることは知りませんでした。

その久保木が私のことを、どこでどう知ったのか、見当もつきません。第三支部副支部長の娘であることが、どうして分かったのでしょう。それはともかく、私はどうしてよいか分かりませんでした。家に着いても、さすがに母には何も言うことができませんでした。

久保木の青年時代

佼成会では朝六時からお経をあげます。そのため久保木は、「南無妙法蓮華経」のたすきを掛けて朝早く家を出ていました。お数珠も玉が大きいのです。その数珠をズボンのポケットに入れて佼成会に行った後、そのまま「南無妙法蓮華経」のたすき掛けの姿で慶應大学まで登校していたといいます。

もちろん、その上からコートを着ていたとは思いますが、そんな常識外れのことは、久保木だからしたのかもしれません。久保木は人が常識で考えて、やらないことを平気でやる人でしたから。

久保木は学生時代から、政治に大変関心があったようです。さらに声がいいとみんなから言われたからなのか、アナウンサーになりたいと思ったこともあったそうです。慶應時代、赤坂にあるアナウンスアカデミーに通い、アナウンサーを目指したこともありました。

本格的な歌舞伎のようなことも
（中央が久保木）

だから基本的な発声技術は身に付いていたと思います。佼成会に入る前のことです。

アルバイトで通った米軍のクラブでは、英語のジャズで「モナ・リザ」や「アゲイン」「ビギン・ザ・ビギン」など、随分歌ったらしいのです。とにかく、何でもやりこなす器用な人でした。

佼成会で任されたのは、まず結婚式の司会でした。結婚式では、それなりの華を添える出し物が必要ですから、五大流派の一つである藤間流の日本舞踊をよく舞っていました。まずカツラを被《かぶ》り、衣装を着て、披露宴のエンターテインメントで本格的な歌舞伎のようなことをしました。

また、会の行事がある時には、いろいろな出し物をしました。ジャズも歌うし何でもこなし、とにかく佼成会では有名な人でした。だから「久保木を知らないというのは潜りだ」と言われたような人でした。

私に結婚してくれと突然プロポーズしたのは、久保木が二十二歳の時でした。

便箋十六枚のラブレター

その翌日、久保木から分厚い封筒を受け取りました。便箋《びんせん》に十六枚という分厚い手紙でした。文章も、とにかくすごい内容です。その手紙は残念ながら、残っていません。入教する時には、すべてを捨ててくるような時代でしたので。

とにかく文鮮明《ムンソンミョン》先生にお会いして、一週間の研修、開拓伝道、そして祝福と、家に帰る間もなかったのです。箪笥《たんす》の上の戸棚の缶の中に入れておいたはずですが、私も家に帰ることがなくなったので、お姑《しゅうとめ》さんが処分したのかもしれません。あれがあったらどんなによかったことかと思います。とにかく残すべきものでした。

まだ覚えている手紙の書き出しは、「止むに止まれぬ思いは千々《ちぢ》に乱れて、拙《つたな》き筆をとったこの僕をどうぞお許しください」から始まりました。「あなたを最初に見た瞬間から、私の妻になる人だと心に決めていました」とか……。

とにかく私は、久保木さんの目はふし穴だと正直、思いました。「月だ」「星だ」「太陽だ」と煌《きら》めく言葉が散らばっているのです。さらに「一緒になれなかったら、自分は死にます」

とまで書いてあるラブレターでした。心に溢《あふ》れる思いを縷々《るる》とつづったその手紙は、私には衝撃的なものでした。

小学校からずっと女子だけの学生生活をしてきた私は、異性と口をきくなどということはありませんでした。今では考えられない時代です。

性格も人一倍無口で、兄弟の中でもいつでも聞き役でした。一日中、一言もしゃべらなくても平気でした。

「哲子はいるかいないか分からない」

母からよく言われた言葉でした。引っ込み思案で、人の前に出ることは大の苦手です。「劣等感の塊《かたまり》のような、こんな私に一体どうしたことか」と、戸惑うばかりでした。

男の人からそういう手紙をもらったのは初めてでした。すぐ母に「久保木さんからこんな手紙を頂きました」と報告し、手紙を見せました。

佼成会の副支部長までしていた母は、久保木をよく知っていて、「いやあ、すごい人に自分の娘はプロポーズされ、大変なことになった」と思ったようですけど、父はのっけから問題外といった風情でした。

父の言い分は、こうです。

「だめだ。同い年なんて、とんでもない。女は男より五つか六つ下がいいんだ」

「二十二歳のくちばしの黄色い若輩者が、恋だ何だと騒いでいるだけだ。若気《わかげ》の至りで、そんなのすぐ冷めるよ。ほっとけ、ほっとけ。相手にする必要はない」

父は特にものを書く人ですから、そういうものには穿《うが》った見方をしていました。

「久保木さんが宮崎さんと……」

すぐ噂《うわさ》は事務局中に広まり、何だかんだと冷やかされるはめになりました。女性みんなの憧れの的のような人でしたから。

「あなたを苦しめる結果になってしまった」と詫《わ》びる久保木でした。

久保木は私に手紙をくれるのと同時に、同じ手紙を佼成会の支部長にも渡していました。久保木はきちんと支部長に筋を通しておかないと大変なことになるとよく分かっていたのです。コピーも何もない時代ですから、全く同じものをもう一つ書き、第十二支部長に「第三支部の宮崎さんにこの手紙を渡しました。真剣に宮崎さんと結婚したいと思いますので、支部長さん、この手紙を読んでください。決していい加減な気持ちではありません」と言って、手紙を渡しました。

支部長は目を通した上で、妙佼《みょうこう》先生にお見せになったようです。

久保木はすぐに支部長から呼ばれて、「久保木さん。あなたがいい加減な気持ちでないことはよく分かった。しかし、どんなに宮崎さんと一緒になりたいと思っても、我々は妙佼先生が良しとしなければ結婚できませんよ」と諭《さと》されました。

「よく分かっております」

「じゃあ、妙佼先生が良くない、だめだと言われたときには、はっきりと別れる覚悟はできていますか。そのような覚悟でおつき合いする分にはいいけれど……。とにかく妙佼先生が何とおっしゃるかが問題です。だから清いおつき合いをしなさい。だめだと言われたときには別れる、そういうおつき合いをするならいいでしょう」

支部長がそう言ってくださったので、私たちは一緒になれるかどうか分からないまま、おつき合いをしました。

そして一年半の歳月が流れた後、第十二支部長と第三支部長が妙佼先生から呼ばれます。妙佼先生は「今、久保木さんと宮崎さんはどうなっているんだい?」とお聞きになったそうです。

支部長が「あの人たちはそれぞれの立場で一生懸命頑張っています」と答えると、「あの人たちは一緒になるといいんだね。幸せになるんだよ」とおっしゃってくださったそうです。

支部長は、それを自分のことのように喜んでくださって、私の母と主人の母に妙佼先生の言葉を報告し、「だから、すぐ結婚の準備をしないといけない」と言いました。

それから大忙しでバタバタと準備し、一九五五年四月二十一日、立正佼成会で盛大な結婚式を挙げました。

火の性、哲子

久保木は私の名前に惹《ひ》かれたそうですが、祖父は別の名前を考えていたそうです。

祖父は鶴五郎といいます。それで鶴という字を入れて「千鶴子としなさい」と父に言っていたそうです。

ですが、父は「哲子」にしました。父は、尊敬する女性教育者だった「安井てつ」の名前が気に入っていたのです。「安井てつ」に子は付いていなかったのですが、当時の名前風に、下に子を付けたのです。

その「哲子」という名前でなければ、「あなたは私の妻になる人だ。あなたでなければならない」といったプロポーズはなかったはずです。

というのも、佼成会には姓名鑑定があり、久保木は占いとかが大好きでした。久保木はお母さんに佼成会に連れていかれて、最初に生年月日で自分の運勢を言われた時は、本当にびっくりしたようです。

それで自分の妻にする人は「火の性の人」と決めていたというのです。「哲子」というのは、その「火の性」でした。

陰陽五行で、アイウエオのア行は「土の性」、「火の性」というのは、タ行とラ行の二通りあります。サ行は「金の性」ですが、久保木は「水の性」の女性は自分とは合わないと言っていました。

それで久保木は、私が哲子（タ行で「火の性」）だったので、この人だと思ったのではないでしょうか。実はこのことを直接聞いたことはなかったのですが、「自分は火の性の女性と結婚するんだ」と、はっきり言っていたそうです。

というのも、久保木の修己の「修」（しゅう、音読みでサ行）は「金の性」なのです。それで久保木は「自分は金だ。火は金を温めてくれる。温まった金というのはすぐ冷めることはない。だから妻にする人は火の性だ」と決めていたのです。

「僕の直感、インスピレーションだよ。僕のお嫁さんになるのは、あなたしかいない」と言うのです。

「奥さんをどのように決められたのですか？」との質問を受けた夫が「この人なら両親を大切にしてくれる人に違いないと思った」と言ったと、ある人が伝えてくれました。久保木は両親をとても尊敬していたのです。

当初は、びっくりして戸惑うばかりでした。ただ時間が少したつと、どこの馬の骨かも分からない私を、調べもしないで、勝手に決め込んで、変な人だなと思うようになり、さらに、こういう人もいるんだなと可笑《おか》しくもありました。

ムード皆無のデート

久保木との一年半のおつき合いで、食事に連れていってくれる所は、大抵、新宿の「石の家」でした。湯気とニンニクの匂いプンプンのカウンターのある中国料理屋ですが、決して立派な店ではありません。

久保木は、とにかくムードなんて全く論外の人です。心ときめく、ロマンチックな所には、残念ながら一度だって連れていってくれたことはありませんでした。

久保木が懐かしくて食べたいものと言えば、中国の炒麺《チャーメン》に餃子《ぎょうざ》です。それが日本でも食べられるようになっていました。それで新宿に連れていかれて、いつも中華ばかり食べさせられました。

元来、食というのは保守的なものです。大体、人間の舌は幼少時に食べていたものに反応しやすいのです。

今でも東京の渋谷や浅草には「どぜう屋」が営業しています。東京という大都会は、田舎《いなか》出身者が大半ですから、小さい時、貴重なタンパク源としてドジョウを食べていた世代がまだ存在します。だから「どぜう屋」の暖簾《のれん》をくぐる人は、まだ絶えないのです。

しかし、小さい時、ドジョウを食べたことのない人は、柳川鍋やドジョウ汁を食べても、おいしいとは言いません。ただ、骨っぽい異物以外の何物でもないはずです。私は上田でドジョウは食べていましたが、おいしいと思ったことはありませんでした。

なお久保木はロマンチックなところもあって、特にフランス映画が好きで、「双頭の鷲《わし》」や「ガラスの城」とかに連れていってくれました。そうした映画を見た後に「石の家」に行くというのが、定番の新宿デートコースだったのです。

でも清いおつき合いで、手も握られたことはありません。久保木は純粋なのでしょう。佼成会の教えの中には、こうだからそうしないといけないといった論理的なものはあまりありませんけれども、妙佼先生の人のありようの教えの中には、結婚するまで男女は純潔を守らないといけないというのが暗黙のうちにあったのです。それは文字にした戒律というより、人間として当たり前の不文律だったのかもしれません。今の時代を思うと、なんと純粋だったことかと思い起こされます。

とにかく修業中は身を清廉潔白に保たなければいけないというものでした。

なお富士銀行の支店長が「会長は素晴らしい秘書をお持ちですね。私の息子の嫁に、ぜひ欲しい」と庭野会長に頼むという珍事がありました。

それで庭野会長から「既に虫がついていると言っといたから」と言われたことがありました。会長は久保木と私の関係をご存じでした。

その支店長からは、「それでは銀行に来て、うちの若い人たちに礼儀作法の教育をしてくれないか」と言われたりもしました。

私はただ、ごく自然にしていただけでしたが、悪い印象は与えていなかったようです。ただ請われた社員教育には行きませんでした。そこまでは、とても自信がなかったのです。

結局、佼成会には長男を妊娠するまで二年お勤めし、妊娠後、職を退いて家庭に入りました。

第四章

久保木家の嫁に

方位方角

立正佼成会には、方位方角というのがあります。それにとてもこだわるのです。

四月二十一日に私の家から嫁ぐ方角が良い方角ではなかったのです。そのため、方除《よ》けというものをしなければなりませんでした。

それは結婚するまでの六十日間を、別の場所で方除けをして暮らすというものでした。そこから久保木家に嫁いでいく方角が最高だという場所を借り、嫁ぐまで過ごしました。

なぜ六十日かというと、例えば木を新しい土地に移植する時、大体、四十日ぐらいから新しい根を張り出し、六十日たったら根が広がってそこに定着するというのです。ですので、六十日前に家を出て、四十日間は方除けした所に泊まって、そこの水を飲まないといけないのです。その間、実家に帰ってご飯を食べて、泊まってくるようなことをしては絶対いけません。

せっかく良い方角に移したのに、たびたび家に帰って飲んだり寝たりしたら、根が張らず、定着しないというのです。

最低四十日間、実家の水を飲んではいけないし、寝泊まりしないようにということで、方除けのための臨時の場所で六十日間過ごして結婚式に臨んだのです。

家庭を持って幸運だったのは、両親が立正佼成会のすぐそばに大きな平屋の家を新築してくださったことです。当時、佼成会では大体、決まりがあって、支部長の家というのは八畳の大きな部屋が二間続き、周りに廊下があるといった家です。また仏壇は、幅一間《けん》（畳一畳分）の大きなものを造り付けで造らないといけませんでした。

二階建てにすれば、それほど広い土地は要らないのですが、平屋だとある程度の土地がないといけません。

私たちの部屋は造り付けのベッドを造っていただいて、隣の部屋が子供が生まれた時の子供部屋ということでした。そして両親の部屋があります。

とにかく百坪ほどの土地を買って、建ててくださったのです。たまたま、家の敷地に中野坂上駅という地下鉄の終点のターミナル駅ができるために、立ち退き料を頂いたらしいのです。それが次の和田本町（杉並区）に三階建てのマンションを建てる資金になり、現在に至っています。

褌《ふんどし》に刺繍《ししゅう》

これは今まで誰にも話したことのないエピソードです。

長男を妊娠した時は、今のようにかわいらしいベビー用品など、ほとんどない時代でした。肌着から中着、よだれ掛けに帽子、それに靴下と全部手作りです。これらは私の得意とする、本領を発揮できるものでした。帰宅した夫に「きょうは、こんなの作ったのよ」と見せると、「かわいくて、いいね」と喜んでくれていました。

ところが、だんだん自分に向いていた心がおなかの赤ちゃんに取られたという気分になったのでしょうか。夫は「僕にも何か、刺繍をデザインして」と言い出したのです。「愛の減少感」ということになるのでしょうが、毎日毎日、だだっ子のようにせがむのには、私もホトホト困り果てました。

一体、立派な大人の男子が妻の刺繍など、ネクタイとかシャツとか目立つ所になど、できるものではありません。どうしようかと考えていたら、刺繍の本の中に、椰子《やし》の木の下にかわいいアフリカ人の子供が槍《やり》を持っているのを見つけました。ユーモラスな絵柄で、「これだ！」と思いました。当時、夫は野球をやっていて、下着は褌でした。私は、これなら誰にも見られないものだからいいだろうと思い、褌の先に本で見たような絵柄で刺繍をしました。

ところがなんと翌日、オフィスに着くや、早速女子社員を呼び寄せ、部屋の隅に連れていって、ズボンのチャックを下ろし始めたのです。

女の子は夫の変態的仕草にビックリ仰天で、「キャー！」と叫んで逃げようとしたそうです。一方、唯我独尊の本人は無邪気なもので、「これだよ、見て、見て」と褌を引っ張り出して見せたのです。

私がオフィスに行くと、「きのうは久保木さん、私たちに、奥さんに作ってもらったと、褌を出して見せてくれたの！」と言うではありませんか。周りは前日の大騒ぎを思い返したのか、笑って笑って、「きょう一番の大ニュース」といった感触です。

そもそも夫は、常識的には恥ずかしいと思うようなことでも、何とも思わない、天真爛《てんしんらん》漫《まん》な子供そのものです。無邪気に笑い飛ばしているのには、私もあきれるばかりでした。

その場面を想像しただけで、こちらが恥ずかしくなります。

「パパ、ごめんなさい。ばらしましたよ」

ただ、佼成会では有名な話です。

男子厨房《ちゅうぼう》に入る

先述したように、私の父は男子厨房に入るタイプでしたが、夫も同類でした。久保木が私にプロポーズをした直後、接待係用のキッチンに入ってきたことがあります。どこからかリンゴをもらってきて、器用にクルクルと巻くように皮をむき、それを切って、私にどうぞと手渡してくれたのです。

それを若い人たちは「久保木さんがリンゴをむいて、宮崎さんにあげた。あんなこと、私たちにしてくれたことなんて一度もない」とすぐ噂《うわさ》になったものです。

とにかく主人は台所に入るのが好きでした。材料をこれだけ用意してくれと言い、自分が率先して餃子《ぎょうざ》を作って、その作り方を教えてくれたりしました。

皮も小麦粉から練って、ローラーで伸ばし、本格的な餃子を教えてもらったものです。

久保木家伝来の家庭料理とも言えるジャージャー麺《めん》というのがあります。天醤《てんしょう》という黒っぽい醤《ひしお》を使った、主人の大好物であるこのジャージャー麺を教えてくれたのも、お母様ではなく主人でした。

品の良いお母様は、そもそも台所に入るような方ではありませんでした。中国時代はコックがいて、日本に引き揚げてきてもずっと女中さんがいたのです。

夏生まれの子供たち

慶應高校時代に神奈川県代表で二度、甲子園に行っている久保木は、立正佼成会の野球部の監督もしばらく続けました。

久保木は統一教会に来て、ずっと家には帰ってきませんでしたが、佼成会時代も、庭野会長の秘書をしていた時、庭野会長はずっと全国巡回をしていましたので、その随行役をして、家にはたまにしか帰ってこないのです。

だから良かったとも言えます。たまにしか帰ってこないので、いつも新鮮だったのかもしれません。

キャンプは宮崎です。夏はずっと試合で遠征したり、キャンプをしたりです。

オフシーズンの冬になると帰ってきて、その時期にしか家にはいないのです。

だから三人いる子供たちは全員、夏生まれです。長男が八月、長女が九月、三番目が七月です。子供は全員、冬仕込みだったのです。

家では庭に出てブンブン素振りをし、風呂に入ると湯の中で手首を動かしていました。熱中すると、どっぷりとその世界に浸かるのです。

ただ、子供はどの子も、スポーツのスの字もない、スポーツとは縁のない子供たちでした。女の子だけが、父親の司会センスを受け継いだのか、声が良いそうで、結構あっちこっちで引っ張りだこのようです。

娘はPTAの副会長をして、いつも司会役をしていました。私が「世界平和女性連合」（WFWP）の会長の時代にも、娘に司会役をお願いしたいという要請があったのですが、娘を使うのが嫌で、会長でいる時は、よほどでなければ娘は使いませんでした。それで「会長は、娘さんの価値を知らない」と何度言われたか分かりません。

義父母のよくよくの縁

夫の父母の結婚も、よくよくご縁があったのだと思います。

一回目の見合いは、義母が十八歳の時のことです。女学校を卒業してすぐで、ご飯の炊き方も味噌汁の作り方も知らないお譲さんです。さすがに「この度はまだ早く、何もできませんので」と言って断ったそうです。

ところが五年後、別の仲人のもと、二度目の見合いをしたところ、一回目の人だったので、びっくりしました。

それで、よくよくのご縁だろうということで結婚したそうです。

義父は末っ子でした。それで朝鮮半島で憲兵をしていた長兄を頼って朝鮮半島へ行くのです。その場所が、ソウル特別市青坡洞《チョンパドン》でした。統一教会の旧本部教会のある所で、その裏にある善隣《ソルリン》商業高校に義父は入学しました。この善隣商業高校は、善隣インターネットと校名は変わりましたが、今もあるそうです。そして卒業後、朝鮮銀行に入ります。

日本が満州鉄道を中国に引いていた時、義母の父親が英語の通訳官として中国に渡り、義母は家族で中国に行っていました。義母は、京城女学校を卒業しています。

義父はチチハル、ハルピン、北京と、次々と転勤したそうです。夫は小さい時、よく転校したと言っていました。

北京に赴任した時は、義父は支店長でした。立派な豪邸に使用人がたくさんいたそうです。中国人コックが二人、子供たち一人一人に韓国人のオンニが付き、庭の草花を管理する庭師がいるといった具合です。

義母は、台所に入ることもない生活でした。

姑《しゅうとめ》と同居したのですが、義母はほとんど料理のことはなさらなかったらしく、嫁としては、それは楽なものでした。そういうこともあって、私が久保木家に入る時、家の管理や料理など文句一つ言われることもなく、全面的に任せてくださいました。

久保木家の血統

姑が、「おじいちゃんはとても偉いのよ」とご主人（私にとっては義父）のことを話してくださったことがあります。

「とにかく女性には潔白な人だったの。それが町中の評判になっていて、誰が久保木さんを口説き落とすか、多くの女性が競争して大変だったの。でも、そういうものには絶対、崩れないおじいちゃんだったの」

そうした噂《うわさ》を聞いてかどうか分からないけれども、ある時、銀行にボロボロの汚い服を着た、真っ白いひげを長く伸ばした老人が入ってきたそうです。それで窓口の係の若い人たちは、みんな不審者扱いをして「シッシッ」と追い出しにかかりました。

それを奥で見ていたおじいちゃんが、前に出てきて、「お客様になんて失礼なことをしているのか！」と若手行員を叱《しか》り、「何のご用でいらしたのでしょうか。どうぞ、お入りください」と言って、その老人を中に招き入れたのです。

すると、老人は「私はあなたの四柱推命を見たかった」と言うのです。

「朝鮮銀行の支店長は、町の噂では女性に絶対崩れない人だそうですが、どういう名前なのか調べたくて来た」と言うではありませんか。

それでおじいちゃんは、名前と生年月日を教えたそうです。その老人は、じっとそれを見て、「あなたは○○年に結婚し、子供は四人」と、過去にあったいろいろなことを語り始めます。それがあまりにもドンピシャリと当たっているので、おじいちゃんは「こういうこともあるのか」と、本当にびっくりしたそうです。

それで「六十九歳までの未来の中で、あなたの四人の子供のうち、一人は世界に名を残す子供が出ます」と言うのです。おじいちゃんは「その六十九歳以後は？」と尋ねるのですが、六十九歳以後になると筆はピタッと止まったままで、「これ以上は出ません。あなたは六十九歳までの寿命です」ときっぱりと言ったのでした。

実際、おじいちゃんは六十九歳の時、職場でパタンと倒れて、そのまま霊界に行ってしまったのです。老人の四柱推命は、過去だけでなく、未来までぴったり当てていたのです。姑はその老人の名前を覚えていませんでしたが、四柱推命を見る中国の大家だったそうです。

その当時は、資産家や名士が女を囲うのは「男の甲斐性《かいしょう》」という風潮で、当たり前のような時代でした。そんな世の中で、女性に一切手を出さないというのは珍しかったのです。だから義父と義母は仲が良く、喧嘩《けんか》もしないでこられたのだと確信したことがあります。本当に仲の良いご夫婦でした。

普通は愛人が二人や三人もいたら、家は波風が立って大変なことになります。表面的には、夫の素行を黙って見ていても、心の奥底まで平静でいられるとしたら、元々冷めた関係でしかないのです。おばあちゃんにとっておじいちゃんは、心から信頼の置ける生涯のパートナーだったと思います。そういう時代に清い血統を残してくれたことに、深い歴史的な意味を感じざるを得ません。

そもそもおじいちゃんは若い時、ソウルで憲兵をしていた兄を頼って、朝鮮に渡っていったのです。そのお兄さんのことをみな、「朝鮮のおじさん」と呼んでいました。

その伯父は、私が結婚した時には、日本に引き揚げてきており、カトリック教徒になっていました。

伯父は日本の憲兵として韓国のキリスト教を弾圧し、取り締まっていたわけですから、良心が痛んでいたのかもしれません。

伯父は直接、強権を振りかざして弾圧しながらも、「迫害するもののために祈れ」という愛と奉仕のキリスト教の素晴らしさを感じていったように思います。帰国してカトリック教会に入信しクリスチャンネームを受けるのですが、それがパウロでした。パウロも初めはキリスト教徒を迫害し弾圧した張本人でしたが、復活したイエスに出会って悔い改め、宣教の先頭に立って奮闘するようになりました。

仕事とはいえ憲兵としてクリスチャンを取り締まりながらも、自責の念もあったのでしょう。キリスト教に対する信者の信仰の深さに感銘を受け、引き揚げてきた日本でクリスチャンになったのでした。クリスチャンは、久保木家ではこの伯父ただ一人だけでした。

そうした背景があって、甥《おい》である久保木を神様は摘《つ》まみ上げてくださった、天から召命を受けたのだと私は思っています。

天国から地獄の中国生活

夫は満州時代の生活の一端を、次のように話してくれました。

「僕は、小学校時代、お金で物を買うということを知らなかった」

あまりにも現実離れしていることなので、「それ、どういうこと？」と聞くと、とにかく久保木家の坊ちゃんで、街の店の人はみな知っていて、「どうぞ、お持ちください」と言うので、欲しいもの、必要なものは持って帰ったというのです。「先日、坊ちゃんが持っていかれましたので」と、お店の請求書が裏戸から回るという具合だったようです。

それで「皇太子様のようね」と言った覚えがあります。

しかし、日本の敗戦で暗転することになります。終戦を境に、きのうまでは王様、きょうからは乞食《こじき》という、考えられないような経験をしたのです。

街に出れば「この日本人め！」と、石を投げつけられ、外へ出られなかったそうです。ところが蒋介石総統の「怨みに報いるに徳を以てす」の貼り紙が町中に貼られると、そのようなことはピタリとなくなったといいます。

終戦と同時に、日本人のすべての財産は没収され、一人千円だけのお金をもらって城外に出されたそうです。だから金銀財宝、宝石などは、すべて家の庭の片隅に、壺の中に入れて埋めてきたそうです。

城外に出された日本人は、バラックの建物の中で引き揚げの順番を待ったのです。食事は石の入ったコーリャンのおにぎり一個に、実のない汁だけという粗末なものでした。

それで引き揚げの順番が来る前に、栄養失調でバタバタと死んでいった人の数は数え切れないほどだったそうです。また、チフスがはやり、死んでいく人も後を絶ちません。それは悲惨な阿鼻叫喚《あびきょうかん》の世界でした。

一人千円のお金が瞬《また》く間に消えていくのを見て、久保木は、何とかして父親の所にお金をもらいに行かなければと、密《ひそ》かに決意し、決行した話は、義母からどれだけ聞かされたことか分かりせん。

父親は終戦と同時に北京の朝鮮銀行から天津の銀行に流用となり、行務（銀行の仕事）を中国人に教えるために天津にいたのです。

中学一年生で、まだ子供です。母親が久保木が天津に行こうとしていることを知ったら、絶対に行かせてくれなかったでしょう。そのことを知っていた久保木は、ある日、北京中学の帽子を買い、一人で決行したのです。終戦当時、日本人が城内に入ってきたら、即、銃殺されるような時代でした。

当時は自動車などない時代で、馬車か荷車がその役を担っていました。それで久保木は、野菜を山のように積んだ荷車の陰に隠れて城内に入ったそうです。

それから北京から天津まで汽車で行くのです。

久保木は切符は買ったものの、一等車、二等車も分からない十三歳の子供でした。それで一等車に乗り込みました。前には品の良い中国人の老婆がいたそうです。話をすれば日本人であることが分かってしまうので、雑誌で顔を隠して乗っていると、前のほうから車掌が切符を点検するために来たのです。

その時、前の中国人の老婆が、なぜか足で「早く出なさい」と合図して知らせてくれたそうです。それで、すぐにトイレに入り、その中で息を潜めて、車掌の行くのを待ってから席に戻ったのです。

天津に着くまで三時間ほどかかったそうです。久保木はそうした冷や汗の出るような旅を経験しています。

天津の町に着くと、夕陽が落ちかかっていました。どこに銀行があるかも分かりません。たまたま子供が二、三人遊んでいたので、たどたどしい中国語で「天津銀行はどこか?」

と聞くと、すぐ目の前の建物を教えてくれ、無事に銀行にたどりつけました。

そこで、既に下りている銀行のシャッターをドンドン叩《たた》くと、内側から門番らしき人が「誰か？」と聞いてきます。

「久保木修己だ」と言うと、父親の所に門番が伝えに行ったらしく、しばらく待つと父親がシャッター越しに「お前のお母さんは何という名前か？」と聞いたそうです。

父親はシャッター越しで顔が見えないし、息子が訪ねてくるなどあるはずがないと思っているので、不用意にシャッターを上げるわけにはいかなかったのです。

それで久保木は「お母さんは『よし』といいます。お父さん、僕だよ、修己だよ」と返答しました。

驚いたのは父親のほうです。シャッターを上げ、中に招き入れました。

「どうして来たのか？　無事に来られたのはいいが、大変なことになった」

既に夕食時で、何日もコーリャンのおにぎりしか食べていない久保木は、温かい天津料理をガツガツ食べたそうです。

既に夜の帳《とばり》が下り、子供を一人で帰すわけにいきません。それで一泊させたのですが、さあ、どうやって無事に帰すか、父親は本当に困ったそうです。

お金を腹に巻きつけ、何と蒋介石総統のお墨付きを頂き、「この者は、大事な行務の引き継ぎのために天津に来ている者の息子だから、無事に帰すように」と書かれた書簡を持たせて帰したそうです。

一方、母親のほうは修己が帰ってこないということで、一晩中、一睡もできなかったそうです。

翌日、「お母さん、お父さんからお金もらってきたよ！」と笑顔で帰ってきた時には、どれほど驚いたことか分かりません。

とにかく、久保木は冒険好きで、スリルを楽しむような、突飛なことを平然とやってのける少年だったのです。

両親が確信した修己の天命

北京城外に出される前の戦争末期、作っていた弾薬をソ満国境まで、貨車で運ぶということを学生にやらせたといいます。

久保木にもその順番が回ってきて「きょうは二十五名で、貨車に乗って行ってくるから」

と母に告げ、元気に家を出ていったのに、しょんぼりと帰ってきたそうです。

母親が「どうしたの？」と聞くと、「学校に着いたら、先生が『久保木、お前はきょう、○○君と代わったから帰れ』と言われたので帰ってきた」と言うのです。

本人は行きたかったのに行けなくて、仕方なくとぼとぼ帰ってきたのですが、なんと、その日の昼に「弾薬を積んだ貨車が線路に埋められた地雷に触れて大爆発。全員死亡」のニュースが流れたそうです。

母親は頭に氷水を浴びせられたような思いで、「本来なら修己がそれに乗っていたのに……。代わりになった人は気の毒に」と、申し訳ない思いになると同時に、その時ほど人間の運命というものを感じたことはなかったそうです。

特に信仰を持っていたわけではないのですが、修己は神様のために何か使命のある子ではないかと、その時、ご両親は思ったというのです。神様とか、仏様とか、目に見えない力、運命の分かれ道を感じたと言っておられました。

それから、引き揚げ船にやっと乗った時の話もあります。

天津に残っていた父親は、台風に遭遇した引き揚げ船沈没のニュースを聞いたのです。

その時、父親は「これで私は天涯孤独になってしまった。妻と子供四人全員、大海の藻屑《もくず》と消えてしまった」と思ったそうです。

確かに船は台風でもまれにもまれたのですが、全員で必死に水を掻《か》き出して、黄海のほうまで流されながらも、助かったのです。その船には有名な歌手の渡辺はま子さんも乗っていました。

義母の話では、やっと引き揚げ船に乗っても、情況は悲惨の一語に尽きるものだったそうです。日本に着くまでの間に、栄養失調でお乳が出ない母親のしぼんだ乳首をくわえたまま死んでいく乳児のか細い泣き声が耳にこびりついて、帰国後もしばらくの間消えなかったと話してくださいました。死んだ子供は船から海に流し、水葬にしたそうです。

久保木と佼成会

とにかく、「九死に一生を得る」とは、こんなことを言うのでしょうか。引き揚げまでに三度も奇跡的な命拾いをした息子に対し、何か神仏に仕える使命があると思っておられたご両親があったればこそ、運命の道は開かれていくことになります。

久保木が父親から聞かされていた日本というのは「人情溢《あふ》れる美しい国」でした。ところが、終戦後、中国から帰ってみると、聞かされていたのとは大分様相が違っていたのです。日本の親戚も、自分の家族が食べるのも精一杯の所へ、家族五人、それも食べ盛りの四人の子供に転がり込まれたのでは、良い顔ばかりもしていられなかったのだと思います。久保木はつらい思いをし、「こんなんだったら、引き揚げてくるんじゃなかったと思った」と、よく言っていました。早く仕事を見つけて独立し、出ていかなければならない立場でした。

やがて父親も中国から帰ってきて、東京の中野に職も見つかります。そこで居候生活にピリオドを打ち、新たな住まいとなったのが、立正佼成会がすぐ近くにある、家の前にバス停がある所だったというのです。

毎日毎日、バスはそのバス停でほとんど空っぽになりました。買い物かごを手にし割烹《かっぽう》着《ぎ》をつけた婦人たちが、バス停からゾロゾロと同じ方向へ歩いていくのを、義母は不思議に思っていたそうです。「この人たちはどこへ行くのだろう?」と、疑問に思っていたというのです。

当時、何もかも配給の時代でしたので、この人たちの後に付いていけば何かの配給にありつけるかもしれないと思って、付いていったそうです。

ところが婦人たちは立正佼成会の門の中へ入って行くではありませんか。義母は、その群れに交じって入ったのです。

ですから、義母は誰かに伝道されたのではありません。動機はともあれ、自分から入っていったのです。

「ここは何をするところですか?」と尋ねると、「親孝行を教えるところです」と言われたので、悩んでいる修己をここへ連れてこようと思ったそうです。

それで久保木も佼成会に行くようになります。

久保木が佼成会の門をくぐると、早朝、青年たちが白い息を吐きながら、床の雑巾がけに励んでいたり、竹箒《ぼうき》で庭の掃除を一生懸命していました。その熱の入れようは、掃除姿を一瞥《いちべつ》するだけで分かります。生半可な気分で掃除をしていれば、拭き残しや掃き残しなどがあって、一目瞭然です。しかし、佼成会の青年たちは背中がピンとしており、気迫がこもっているのです。床にも庭にも、ごみ一つ見当たりません。

食うや食わずの終戦直後、みんなが自分のことしか考えないエゴイズムの塊《かたまり》のようになっている中、久保木は別世界を見たような気分になったといいます。

久保木は宗教の世界の素晴らしさを知り、ここなら自分も生きていけるかもしれないと、母親と二人で熱心に伝道をしていったのが、佼成会での信仰生活の始まりです。

母に反対し、佼成会に嫌々連れていかれた私とは正反対でした。

久保木はやがて庭野日敬《にっきょう》会長の秘書になっていきますが、その時はまだ秘書ではありませんでした。大学もまだやめておらず、佼成会では調査統計係でした。

私たちは、本当に赤い糸で結ばれていました。なぜなら、久保木は私にとって初めての男性でしたから……。

ただ、ほのかな初恋というのは、私にもありました。その方は近所にいた早稲田の大学生で、勉強を見てもらいに通っていました。あれが私の初恋と言えば初恋だったかもしれません。でも、学校に行っても女子だけ。尋常高等小学校も女学校も、久保木からプロポーズを受けるまでは、男性との交際は全くありませんでした。

いきなり男性から結婚してくださいと言われた時のことといったら、それはもう筆舌に尽くしがたい衝撃がありました。

第五章

珠玉の宝石箱——宮崎開拓

結婚した時から新しい家で、長男の病気という気掛かりはありましたが、七年間というものは、結婚してこんなに幸せでいいのだろうかと思うほどでした。

夫も、「僕のおやじとおふくろは仲がいいんだ。僕たちもそういう家庭をつくろう」と、喧嘩《けんか》することもなく、幸せな結婚生活の七年間を過ごしました。「統一原理」を聞くまでは……。

病弱な長男

結婚して一年後、長男を生んだものの、滲出《しんしゅつ》性体質といって、アトピーとぜんそくの虚弱な子でした。普通の家であれば、病気がちということでしょうが、宗教団体の佼成会では違った捉え方になるのです。「佼成会の支部長の初孫が、どうしておできだらけで、小児ぜんそくで大変なことになるのか」と噂《うわさ》になるのです。要は、佼成会として何の証しも立たないわけです。

病気そのものとの闘いも大変ですが、そうした宗教団体の中の、辱《はずかし》めでも受けているようなつらさといったら、たまりません。筆舌に尽くしがたいものがありました。

長男は、ほかの信者さんが「かわいいお子さんですね」と顔をのぞくことさえできないような、目と鼻と口を切り抜いたマスクを被《かぶ》せられ、包帯をぐるぐる巻きにされた、大変な状態だったのです。

ですから「あなた、娘時代に親不孝をしたんじゃないの？　自分が生んだ子供が、こんなに親に面倒をかけるということは、あなたが親不孝した罰《ばち》です」と言われたとしても、何も言えないわけです。事実、私は母にさんざん不信仰を言ってきましたから、姑《しゅうとめ》にも申し訳ない気持ちでいっぱいでした。早く何とかして治したい、その一念でした。

一年間毎日、雨の日も風の日も、盆も正月も、病院通いです。皮膚科への通院は休みがありませんでした。夏生まれの長男は、生まれて二十日目くらいからボツボツと顔に汗疹《かんしん》（あせも）のようなものが出始めました。秋風が吹けば葉が落ちるように、涼しくなれば治るだろうと思っていたのですが、ちょうど一歳の誕生日を迎えるまで結局、一枚の写真も撮ることができませんでした。

三カ月になると、手を顔のかゆい所へ持っていき、朝、見ると、顔中血だらけという壮絶な状況でした。結局、腕が曲げられないように、筒状のダンボールをはめて肘《ひじ》を固定するという、残酷なこともしました。手が曲げられないので、だっこをすれば、思い切り胸に顔を押しつけ、こすりつけてきます。毎日毎日が大変な葛藤でした。小さな体のお尻に、毎日、体質改善のための太い注射を打たれ、泣き叫ぶ我が子の姿を見て、胸は痛むばかりでした。

一年を迎える頃、その頑固な湿疹がうす紙が剥《は》がれるようにきれいになっていきました。ところが、それと引き替えのように、ヒューヒューと言うようになり、呼吸困難にまでなりました。病院に連れていくと、小児ぜんそくと言われるのです。ぜんそくというのは年寄りのかかる病気と思っていたので、びっくりでした。

それからというもの、そのぜんそくとの闘いが始まっていくのです。結局、一歳から小学四年生まで、ぜんそくは続きました。

小学五年になる時、私は学校に行き、四年生をもう一度やらせてもらえないだろうかと頼みました。あまりにも欠席が多く、本人がかわいそうなのでと、先生にお願いしたのです。ところが先生は、「お休みは多いけれど、ちゃんと付いてきていますから、心配しなくて大丈夫」と言って、受け入れてもらえませんでした。

当時、夫は「統一原理」を聞いて信仰に燃え、ほとんど家に帰らない、出家しているような情況でした。

そんな夫のことを考えると、本当のところ、これから一体どうなるんだろうと、不安がいっぱいでした。でも、もう一方の心は、夫を信じてみようという強い心もありました。別に愛人ができて家に帰ってこない夫ではなかったからです。

信じてみよう。しかし、この先、一体どうなるのだろう。この二つの心の葛藤は続きます。子供から「パパはどうして帰ってこないの？」と聞かれると、「神様のために一生懸命、お仕事していているのよ」と言うしかありませんでした。

私の母は当時、佼成会の副支部長をしていました。佼成会からの帰りに母はよく孫の顔を見に寄っては、「どうなの？　パパはたまには帰ってくるの？」と聞くのです。私の両親も、私たち夫婦は心配の種でした。

それで母が「弟が、あなたに子供を連れて帰ってきていいよと言っているの。あなたもまだ若いのだから、離婚をしてもいいのよ」とまで言うようになりました。

その時、私は怒りました。

「お母さん、なんてこと言うの、離婚しろとは。必死で私は頑張っているのに。二度と別れろなどは言わないで」

そう、食ってかかったことがあります。

久保木と離婚するなんて、夢にも思わなかったのです。それ以後、母は二度と離婚ということは口にしなくなりました。

久保木は「あなたに苦労を掛けるけれども、私を信じてくれ。三年間だけ待ってくれ」と私に言いました。久保木は三年で理想世界ができると本当に思っていたのです。「三年間苦労を掛ける。私はこれまであなたに不信を抱かせるようなことはしなかっただろう。だから、これからも私を信じてくれ」と言う久保木の言葉を信じて、離婚なんて考えたことがありませんでした。

人生というのは、幸せな良い時ばかりではありません。こういう時もあるのです。今は、谷底に落ちたような立場で、どうなるか分からない、先の見えない暗黒のトンネルに迷い込んだような立場だけれど、必ず日の目を見る時が来る、そういう一途な信念だけで耐えた時期でした。

私は皎成会の信仰を持っていましたから、「夫が家に帰って来ないのは、妻の悟りが足りないためで、私の責任です。申し訳ありません」と言って、両親に詫《わ》びていました。

一方、両親は私に「修己は何を考えているのだか……。あなたには本当にすまない」と言って、お互いに思いやる関係だったからこそ、私たちは七年間という長い期間でも、悲しいとか、つらいとか、離婚したいとか、全然思ったことがなかったのでした。

振り返れば、子供は弱かったけれども、あまりにも幸せ過ぎた七年間でした。久保木は家庭を持って七年目に「統一原理」を聞いたのです。長男は病気で、それこそ大変でしたけれども、次の女の子は、放っておいてもすくすく育ってくれたので、本当に助けられました。

漢方がいいと聞けば漢方を試し、指圧がいいと言われれば指圧を試してみる、とにかくありとあらゆることをしました。長男から「何をやっても治らないじゃないか。こんな苦しい病気のままなら、僕は死んだほうがいい。僕は何のために生まれてきたんだ」と言われたことがありますが、胸がえぐられるような痛みがありました。代われるものなら代わってやりたいけれど、どうすることもできないのです。

親の心が子供に影響していったのでしょう。ぜんそくはどんどん悪くなっていきました。やっぱり、この世に神も仏もいないんだと思ってしまうような、精神的にどん底の生活でした。

文鮮明先生との出会い

やがて久保木は庭野会長と袂《たもと》を分かち、文鮮明《ムンソンミョン》先生の下で日本統一教会の会長になっていきます。

一九六七年七月、文先生は二度目に日本に来られた時、久保木をなんとか祝福しないといけないと思われたそうです。それで、文先生に呼ばれてお会いすることになるのです。文先生は久保木をどうするか、本当に真剣だったのだとつくづく思います。

「子供は三人もいます。しかし、妻は既に卵管を結び、子供が生めない身です」と、久保木は文先生に報告していたのだと思います。

日本で最初の祝福家庭です。文先生がどれほど心配されたか、後になって私は分かるようになりました。

子供が生めないとなると、祝福家庭の基台ができません。いろいろな教会員たちに聞いてみても、既成家庭も立派な祝福家庭の基台ができないといけないというのです。それで、私たちは夫婦のままでいるのは難しいかもしれないと、覚悟を決めざるを得ない立場でした。久保木も、それが分かって相当悩んだと思います。

それで、文先生は、私にこの道がどういう道なのか言わないといけないから、久保木に「妻をすぐに呼べ」と言って呼び出したのです。

その頃、私は洋裁ができましたので、義弟が作ってくれた洋装店を経営していました。その洋装店は駅前の立地の良い店でしたので、三人の裁断士と縫子《ぬいこ》さんを雇うくらい繁盛していました。ですから私は好きな仕事をして、夫のいない間でも経済的に困ることはありませんでした。

仕事をしている時、久保木から電話が掛かってきました。そんなことは初めてでした。「今から、すぐに教会に来なさい」と言うのです。

洋裁の仕事というのは、時間に追われながらお客様に納める仕事です。それで私はびっくりして、「突然、電話を掛けてきて、今すぐ来なさいと言っても無理です。行けませんよ」と言ったら、電話の向こうで、「来なかったら知らないよ！」と言うなり、ガチャンと切ってしまったのです。

本来、そういう夫ではないのに、「何があるんだろう。どうしたんだろう」と不思議に思う気持ちが湧き上がってきました。何の説明もしないで受話器を切ってしまったのです。

当時、南平台（東京都渋谷区）に教会があったのですが、それまで一度も教会に行ったことはないのです。それで人に道を聞きながら、教会を訪ねました。しかし、文先生の講話は既に終わっていて、先生は二階に上がっておられたのです。

それで「私は忙しくて、すぐに帰らないといけないので帰ります」と言って帰ろうとしたのですが、小山田儀子《のり》さんが「ちょっと待って。せっかく来たのですから、文先生にご挨拶だけでもしていってください」と言って、私の手をむんずとつかんで二階に連れていくのです。

そして「文先生、久保木会長の奥様が来られました」と言って、紹介してくださったのです。

文先生はドアを開けて出てこられて、にこにこ笑いながら、私の頭のてっぺんから足の先まで眺《なが》め、「あなたが久保木さんの奥さんですか」とおっしゃり、続けて「久保木さん、この道は、奥さん、あなたも行かなければならない道なんです。どうか来てください。来てくれますね」と語られるのです。

私がその時、どういう状況であるか、普通に考えれば、私まで教会に来るということは、到底できない立場です。

長男が医者に見放されています。長男の面倒を見ないといけません。さらに三人の子供の面倒も、義理の両親のお世話もしないといけません。どうして夫のように教会に行くことができるでしょうか。

ですから私が常識的な精神状態であれば、「ああ、そうですか、文先生。でも、今は難しいです。もう少し子供も大きくなれば、そういうこともできるかも分かりませんけれども、今は無理です」と申し上げたと思います。ところが、どうしたわけか、私にもよく分からないのですが、文先生のその言葉に逆らえないのです。

いざ文先生の前に立つと、なぜか家の事情はすべて飛んでしまっていました。言って言えないことはなかったのに、その時はその事情を話すことができなかったのです。

文先生の言われた「奥さん、この道はあなたも行かなければならない道なんです。来てくれますね」との言葉に対して、ただ「はい！　分かりました」の一言の返事だけだったのです。

それで帰り道、どうしたらいいのか、本当に苦悩のどん底に押しやられたような、暗澹《あんたん》たる気持ちで家路につきました。

「そんなことできるはずがないのに……。なぜ、今の私の事情はこうですと言えなかったのか」と自分を責めるばかりです。

それでも、勇気を振り絞って、夫から電話があり文先生にお会いしたことを両親に話しました。「はい！」と返事をしたと、正直に義父に話したら、しばらく畳に視線を落としたまま考え込んでおられました。

ところが、とんでもない返事が返ってきたのです。

「そうか。文先生の言われるとおりだ。あなたが息子の妻として、行くべきだと思ったら、行きなさい」と言うではありませんか。

私は思いもしなかった言葉にびっくりして、その場でただもう泣き崩れました。

義父とすれば、「今にも死ぬかもしれない孫を置いて、どうして教会に行けるというのか。とにかく今は無理だよ。もう少し様子を見て、それから教会に行ったらいいじゃないか」と諭《さと》してもおかしくない立場なのです。私は当然、義父はそう言うだろうと推測していました。

しかし、私たち夫婦は七年間も別居生活を送っているわけですから、義父は親として、息子夫婦をどうしてやったらいいのか思い悩むけれど、実際にはどうすることもできなかったのです。ですから義父にしてみれば、私たちは実に「悩みの種」そのものだったのです。

義父は「子供は心配しなくていい。死ぬようなことになるかもしれないが、天のみ意《こころ》があれば、生かされるかもしれない」と悟り切ったような語り口でした。
というのも、宗教が違うとはいえ、両親は信仰者です。人知では計り知れない天の事情こそが優先されるべきだとの基本姿勢を持っていました。今思えば、すごい信仰者だと頭が下がります。

両親にとっても文先生のご来日で、文先生が私たち夫婦に対してでも考えてくださっていることを知る契機になったように思います。

なお義父に話した翌日、私の店を作ってくれた義弟のところに行って、義父に話したのと同じように話しました。義弟は「親父が姉さんにそう言ったなら、僕は何も言えない。姉さん、行ったらいいよ」と言うではありませんか。「店のほうは、誰か信用のできる人を雇えば何とでもなる。子供の面倒は僕たちが見てあげるから」と言ってくれたのです。

義弟はとても家庭的な人で、家庭を大事にする人ですから、「父親がいない子供たちはかわいそうだ。その上、姉さんまで行ったらどうするの?」と当然、そう言われると思っていたのに、信じられない奇跡のような出来事でした。

義弟の妻は、実は私の妹なのです。兄弟同士が結婚したという、本当に珍しい両家の縁は深いものがあるのでしょう。私が教会に来られたのも、このような背景があったからなのです。

この時、長男は小学四年生の二学期の終わりから三学期まで、長期入院が続いていたのです。

長男はあまりにひどいぜんそくのため、肺機能がすっかり痛めつけられ、そこに結核菌がついて小児結核を併発していました。長男は一晩中、苦しがっていました。ろうそくのようにやせ細り、医者からは「もうだめかもしれない。好きなようにさせてあげなさい」と言われ、入院先から帰されたばかりでした。言わば死の宣告を受けたような立場です。

息子は肩を大きく上下させて、肺に異物が詰まったようにヒューヒューと音を出して苦しい呼吸をしていました。呼吸が苦しくて横になると、余計息ができないのです。だから、掛け布団を前に積み上げて、うつ伏せにしていました。そうした、あすにも死ぬかもしれない長男を置いて、一週間の修練会に参加したのです。

結局、七月六日に文先生にお会いして、時を置かずに八日から千葉で行われた修練会に参加することになりました。

その一週間、私は聖霊に満たされて泣き通しでした。講義を聞いては涙を流し、聖歌を歌っては涙を流す、お祈りしては涙がこぼれるといった、涙の川で産湯に浸かった新生の時でした。

夫が「いつか必ず分かる時が来る。今は黙ってついてきてくれ」「親孝行のゆえにこの道を選んだのだ」と言って七年間、ほとんど家には帰らなかった言葉が鮮明に蘇《よみがえ》り、夫が統一教会に行くことになった本当の意味を理解できたのです。

夫が何カ月かぶりに帰ってきた時、「あなたは親不孝ですよ。どれほどおじいちゃんやおばちゃんが心配しているか、分かりますか?」と聞いたことがあります。その時、夫は「何を言うの。僕ほど親孝行な者はいないよ。親父とお袋が霊界に行ったら分かる。温泉に連れていったり、小遣いをあげるのが親孝行ではない。修己がやったことは本当に良かったと喜んでくれる」と言うのです。私はその時には分かりませんでした。

修練会で、とりわけ私が感動したのは、創造原理の「人間はみな一人一人が神の前に個性真理体である」という言葉でした。

人間は神のそれぞれの個性を受け継いた存在だというのです。この地上に生を受けた一人一人が貴重な「神の子」であり、誰も取って代わることのできない唯一無二の存在だというのです。

私というのはただ一人で、スペアになる存在はないのだから、私が精一杯のことをして、神のために人生を生きなければならないと思いました。

夏季四十日開拓伝道

当時は、一週間の修練会が終われば、すぐに二十一日間の特別修練会に参加するようになっていました。それで、特別修練会に参加しようとしたのですが、七月二十日からの夏季四十日開拓伝道に行くように言われたのです。

開拓に行くようにと言われても、開拓というのが何をするものかが分かりません。一週間の修練会に出ただけで、お祈りもまともにできません。そういう中で、四十日開拓伝道に行くように言われたのです。

死にそうな子供を置いて、開拓伝道に行くことになったのです。私の旧姓が宮崎でしたので、宮崎に行くことになりました。

今のように、どこにでも教会のある時代ではありません。まだ地方にはほとんど教会がない時代でした。全国に拠点をつくるために開拓伝道が毎年行われていたのです。

その開拓伝道に行くに際し、家に帰って両親に報告しました。すると両親は、「開拓伝道に行くのはいいけれど、どこか近い所でやらせてもらえないのか。宮崎はあまりにも遠い」と言うのです。

今のように、東京から飛行機で一時間ちょっとで行けるような時代ではありません。東京から福岡まで夜行列車で行き、福岡で一泊して、そこから宮崎に行くのです。二日がかりで行く遠い所です。

長男は、病院から見放されて家にいます。小児結核で、肺にも水が溜《た》まって苦しい状況です。うつ伏せになって肩で呼吸をしている状態の子供を置いて、開拓に行かなければならないというのは深刻でした。

息子は、大きな目に涙をいっぱい浮かべて、「母さん、行かないでー」と泣きながらすがりついてきました。

その時、私は神様に談判祈祷しました。

「天のお父様、この子は生まれた時から病気を背負って、きょうまで苦しむためにこの世に来たようなものでした。私は、親としてやれるだけのことはしたつもりです。でも、この子の生命は、どうすることもできません。この子が、これだけの運命であるならば、あなたが召してください。もし、この子に使命が残っているならば、あなたが助けてくださるでしょう。私は、すべてをみ手にゆだねて開拓に行きます」

神がアブラハムに命令した「汝《なんじ》のイサクを捧げよ」ではありませんが、開拓伝道の天命に従っていくとき、旧約の歴史に出てくるアブラハムやモーセの心情の一端を感じた気がします。

そして、子供に次のようによく言い聞かせて出発したのです。

「ママが開拓伝道に行く宮崎には、誰も知っている人がいないのよ。あなたは、本当にわがままで、いつも給食のパンの耳を捨てていたけれども、この教会の人たちは、そのパンの耳で今日までやってきたのよ。あなたが捨てていた給食のパンの耳すら、ママが宮崎に行ったら食べられないかもしれないのよ。だから、ママのために、あなたもお祈りをしてちょうだい」

そうして、泣きすがる子供を置いて、先輩の梶栗恵李子《えりこ》さんと開拓に出ていったのです。宮崎駅のホームに降り立った時の深緑の鮮やかさが、今も鮮明に思い出されます。

夫が統一教会に行ってから、いくら苦労したと言っても、一円のお金で困ることはありませんでした。夫の収入がなくなったといっても、両親の経済的な基盤があり、私自身も

宮崎へ開拓伝道に出発。左は梶栗惠李子さん

洋裁の仕事をしていました。ところが、この宮崎では一円のお金の貴さを身にしみて感じさせられたのです。

宮崎に着いた私たちは、三日間は飲まず食わずで、駅のベンチで寝、一晩じゅう蚊に悩まされながら過ごしました。また、学校の宿直室に泊めてもらうなど、三日間は野宿や野宿同然で休みました。三日間、何も食べていないので、おなかはもうぺこぺこです。水を飲むだけで、自然断食でした。神様は、つらい悲しい神様の心情を体恤《たいじゅつ》させるために、最初から館《やかた》を与えてくださらなかったのでした。

四日目を迎えた時です。梶栗さんが「聖地を決めないで、自分たちの寝る所を探していたことが、間違っていた」と言うのです。

そこで、「八紘一宇《はっこういちう》」の碑がある平和台公園に聖地を定め、そこで大地を叩《たた》きながら「この地の義人、聖人を立てさせてください」と祈りました。その後に、館が見つかったのです。館が見つかったといっても、それまで三日間、いつも通っていた道沿いにあった家でした。それまでは、玄関に下げられていた移転の案内板が、なぜか目に留《と》まらなかったのです。そこは、元は医者の家で、今は大きなビルに引っ越ししたため空いていたのです。その家を訪ねると、おばあさんが出てきました。その時は、おなかが空いて玄関にへたり込むような状況でした。

小さな部屋を一つ、四十日間貸してほしいとお願いしましたが、断られました。それでも、物置の隅でもどんな所でもかまわないので貸してほしいと必死に頼み込むと、そのおばあさんは気の毒に思ったのか、「本当に四十日だけですよ」と言って貸してくれることになったのです。

部屋に入ると、そのおばあさんは冷えたスイカを出してくれました。その時のスイカのおいしかったこと、生涯忘れることができません。スイカが、本当におなかにしみ渡っていきました。

そして、立派な二組の布団、二つの茶碗と箸《はし》、電気コンロ、まな板、包丁、皿、鍋、やかん、食器一式を揃《そろ》えてくれたのです。

梶栗さんは福島など二回開拓伝道の経験があったのですが、びっくり仰天して、「これは開拓ではありません。このような恵まれた開拓伝道は、初めてです」と言うのです。

住所が決まったことを家族に伝えると、よくここまで気が付いてと思うほど、いろいろな生活必需品がダンボールで送られてきました。本当に親兄弟というのはありがたいものだと心から感謝しました。

これにも梶栗さんは再びびっくりして、「こんなのは開拓ではありません」と叱《しか》られましたが、「巡回師さんが来られたら、九州で苦労している兄弟のために持っていっていただきましょう」ということになりました。

開拓というのはみんな一人でするもので、私たちのように二人でするのは例外中の例外でした。久保木が「一週間だけの修練で行くので、開拓というものを知らないから一緒に行ってくれ」と梶栗さんに頼み込んだのだそうです。

館が決まると、すぐに電話帳を開いて、近くの廃品回収屋さんを探しました。そこに電話を掛けてリヤカーを借り、廃品回収をするのです。どのようにするのか、私は分からず、ただ梶栗さんについて歩くだけでした。

連日の猛暑の中、お風呂に入るのは、一週間に一度、聖日の前夜だけでした。お風呂に満足に入れない生活も初めてで、毎朝四時に起きてお祈りをするというのも初めてでした。お祈りを終えた後は、家の前の道路と家の中を掃除します。二人で朝拝をした後、パンの耳を食べて廃品回収に出掛けるのです。夕方は、繁華街に出ていって路傍伝道をしました。

その頃の廃品回収は、古雑誌、古新聞、空き缶、空き瓶《びん》などをもらって、それを廃品回収屋さんに持っていき、それをはかりで量ってもらってお金を頂くのです。

一日目の廃品回収は、二人で約五百円少し。二日目は七百円くらいでした。今から四十年前のことです。当時、ピーマン一山が十円という時代でしたから、五百円、七百円といえば、私たちにとっては大金でした。

その廃品回収で得たお金で最初に買ったものは、講義をするための黒板とチョークと黒板消しでした。おなかが空いていましたが、食料を買う前に、み言《ことば》を伝えるために必要なものを揃《そろ》えたのです。それらを購入すると、廃品回収で得たお金は全部なくなってしまいました。

夕方は「ご通行中の皆様！」と大きな声を張り上げて、路傍伝道をしたのです。その結果、夏休み中の高校生が何人か講義を聴くことになりました。

私は講義ができないので、梶栗さんが講義を担当します。私が一人でできることといったら、廃品回収しかありません。しかし、廃品回収を一人でするのは心細い限りでした。しかも私は方向音痴で、あちこち回っているうちに帰る所が分からなくなってしまうのです。このようなときは、神様に必死にお祈りをする以外ありませんでした。親である神様は、霊的によちよち歩きの赤ん坊に対して、目を離すことはできません。歩き出した赤ん坊から、母親は一瞬も目が離せないのと同じです。本当に神様は、私をそのような幼子の立場で見守ってくださいました。

ですから、その頃は、祈ればすぐにその祈りは聞いてもらえたのです。神様との身近な体験というのは、あの開拓伝道でなければできなかったのではないでしょうか。草創期は、今とは少し違った意味で、祈れば神様が応えてくださった時代でした。

十分なお祈りはできないのですが、「神様、きょう私は一人でこのリヤカーを引いて廃品回収をしますが、よろしくお願いします」と祈って出発しました。廃品回収屋さんからリヤカーを借りたのですが、遠くへ行ったら館に帰られる自信がないので、すぐ近くから始めました。

リヤカーを引くのは大体、男性と決まっています。それで若い女性がリヤカーを引く姿を、人々は不思議そうに見るのです。「今、私は神様の聖業のためにリヤカーを引いているのです」と自分に言い聞かせて、恥ずかしさを吹き飛ばしました。

その借りたリヤカーは、タイヤがパンクしていて使えないリヤカーでした。でも、その日はそれしかなかったため、無理を言って貸してもらったのでした。ガチャンコ、ガチャンコという音を立てながらリヤカーを引きながら家を回り始めると、四軒目くらいの家で「リヤカーか何か、持っているの？」と聞かれたのです。持っていることを伝えると、「では、反対側にリヤカーを着けなさい」と言うのです。勝手口のほうにリヤカーを着けると、大きな物置きがあり、その中に、もう茶色に変色した新聞が山のように積んでありました。「これ、みんな持っていきなさい」と言われてリヤカーに積むと、その一軒だけでリヤカーの三分の二くらいになりました。その後、銅の風呂釜を回収すると、リヤカーはいっぱいになりました。

銅の風呂釜は高価なものでしたが、その時はそんなことは知りません。こんな重たいものをと思ったのですが、持っていけと言われるのでリヤカーに積み、頂いてきました。

しかし、パンクしたリヤカーに載せて戻ってくる道は、どれほど大変であったか知れません。タイヤが溝に入って動かなくなったり、下り坂になると荷物の重さで加速度がついて止まらないのです。電信柱にぶつけてようやく止まりましたが、あんなに恐ろしい体験をしたのは初めてでした。

三日目は一人でしたのに、千三百余円になりました。廃品回収屋さんも梶栗さんも、びっくり仰天です。

「お母さん、やればできるじゃないの」と梶栗さんに言われると、私もその気になってきます。それで廃品回収なら私にもできると思って、毎日しました。毎日が、無我夢中であったため、家や子供のことはすっかり忘れていたのです。

四十日の半ば頃に、家から葉書が届きました。それは、義父と子供からでした。長男の文面には、「母さんが開拓伝道に行ってから、僕の発作は一度も起こらなくなりました」と書かれていました。

義父からも、「あなたが開拓伝道に行ってから、孫の発作は一度も起こらないで、日に日に元気になっている。心配しないで、神様の仕事を一生懸命に頑張るように」と記されていたのです。

それを見た瞬間、「神様が私の祈りを聞いてくださった」と初めて確信しました。

それまでは「この子の病気を治してくれたら、統一教会の神を信じましょう。治してご

祝福を受けて帰国。歓迎会が開催された

らんなさい」といった傲岸不遜《ごうがんふそん》な祈りをしていました。神様にしてみたら「そんな祈りを聞けるものか」という失礼極まりない祈りでした。

私は、梶栗さんと抱き合って泣きました。

そこで「切れば血の出るような『統一原理』はすごい」と実感したのです。「原理」は生きている、原理原則というものが厳然としてあるということを体験したのです。

四十日間の開拓伝道を終えて帰宅すると、青白くて骨と皮だけしかないほどやせていた長男は、見違えるように、日に焼けて真っ黒になっていました。義弟に連れられて富士山の近くにある山中湖へ泳ぎに行ってきたというのです。その息子の姿を見て、本当に神様に感謝を捧げました。

夫と私は、七年の歳月の後、やっと神様の願いを中心に心を一つにして歩むことができるようになったのです。そうなって初めて子供に手を差し伸べることのできた神様でした。夫婦が一つになるまでは、働きたくてもできなかった神様であったのです。

孟子の言葉に「天のまさに大任をこの人に降《くだ》さんとするや、必ずまずその心志を苦しめ、その筋骨を労せしむ」とあります。

天が使命をその人物に与えようとすると、必ず最初にその人の精神を崖っぷちに追いやり苦しめ、鍛え上げる。さらに精神だけでなく筋骨を痛めつけ、疲弊の極みにまで押しやる。天がその人物を鍛えて発奮させるため、あえて苦難を送ったのだという意味です。

後から振り返って見ると、この道に来るという「大任」を全うさせるため、すべては天から与えられた試練だったような気がします。

文先生とお会いした二日後に一週間の研修、すぐに開拓伝道四十日、特別修練会二十一日、千葉での献身的生活四カ月、そして祝福。結局、数えてみると、七年をちょうど七カ月に圧縮して条件を立てて祝福を頂いたのでした。

文先生にお会いしてからの私の運命は、まるで特急列車に乗せられたようなものでした。

第六章　グランドツアー

ＷＡＣＬ世界大会

「国際勝共連合」は一九六八年に活動を始めました。久保木はその初代会長でした。

日本の共産化の危機は、終戦以降、何度かあったと言われます。特に六〇年、七〇年安保闘争の頃は、学生や青年層に左翼勢力が浸透し、共産主義革命が実現しそうな勢いがありました。

東京、大阪、京都と主要都市を革新首長に握られ、民主連合政府樹立を旗印に日本の共産化に向かって、飛ぶ鳥を落とす勢いの日本共産党をはじめとする左翼勢力に翻弄《ほんろう》された一九七〇年代は、日本の政治が崖っぷちに追い込まれたような危機的状況にあったのです。もし、血のメーデー事件のように一部の共産主義者の画策によって国会議事堂が占拠され、臨時革命政府の樹立を宣言されたなら、後にアフガニスタンに侵攻したように、ソ連軍は北海道に雪崩のごとく押し寄せ、あっという間に日本は共産化される危惧《きぐ》があったのが、当時の政治情勢でした。今から思えば隔世の感があります。

左翼団体が暴力革命準備の一環として行った血のメーデー事件とは、ＧＨＱによる占領が解除されて三日後の一九五二年（昭和二十七年）五月一日、デモ隊の解散予定場所であった日比谷公園から、北朝鮮旗を翻した人々を含む一部のデモ隊が、そのまま皇居前広場に乱入するなど暴徒化した事件でした。

しかし、「共産主義は間違いだ！」の声が日本の空に上がったのです。久保木がその陣頭指揮に立ち、若き血潮を燃やした勝共会員が、共産主義者との対決の矢面に立って日本国民に訴え始めたのです。

とりわけ一九七八年の京都府知事選は、一つの節目となりました。

公安調査庁第一部長を務め、総理府総務副長官でもあった弘《ひろ》津《つ》恭輔《きょうすけ》氏は、「勝共連合の運動の歴史の中で、私が一番感動を覚えたのは、一九七八年の京都蜷川《にながわ》革新府政を打倒した時の、知事選における勝共連合の壮烈な闘いぶりであった」と述懐しておられます。

当時、二十八年も続いた「京都蜷川革新府政」は、「京都共産王国」とか「人民共和国蜷川府政」などとマスコミ界で騒がれていたのです。ところが、七八年の府知事選で、この日本革新政治の灯台の火は消されてしまいました。この蜷川府政崩壊を目の当たりにした日本共産党は、蜷川共産王国が倒れたのは、国際勝共連合の活動によると受け取ったのです。

世界の要人ら２万人が結集したWACL世界大会
（1970年９月20日、日本武道館）

話は少し戻りますが、久保木は一九六九年、タイで開かれたＷＡＣＬ（世界反共連盟）総会に出席し、次のＷＡＣＬ世界大会を日本で開催したいと申し出て、満場一致で可決されました。

そして一九七〇年、ＷＡＣＬ世界大会が日本武道館で二万人が結集して開催されたのです。

まずＷＡＣＬ総会が京都国際会議場で開催され、久保木はＷＡＣＬ議長に選出されました。その総会の後、武道館で世界反共大会が開催されたのです。

左翼運動の嵐が吹き荒れる中での、堂々たる世界反共大会でした。これは快挙でした。以来、ＷＡＣＬ議長として世界を回り、各国の首脳と会談するようになったのです。

大韓民国の朴正熙《パクチョンヒ》大統領との会談や中華民国の蒋介石総統との会談、それにローマ法王に謁見《えっけん》する機会もありました。

世界一周

一九七〇年のWACL世界大会の一年後、文先生は「久保木、日本に来た反共の闘士たちをすぐに回って、世界を一周して来るように」と言われました。世界を回って見識を高めてきなさいという親心でした。この世界旅行には、私も同行しました。それで久保木と私と英語の通訳の三人で出発したのです。

五月から七月までの三カ月に及ぶ世界一周は、私の人生で久保木と共に過ごした、最も密度の濃い旅行でした。

最初にソウルの文先生を訪ね、「これから出発いたします」とご挨拶しました。そこからWACL世界大会に参加してくださった各国の要人たちを訪問し、お礼の言葉を述べるとともに、これからの協力関係を探る旅が始まったのです。

蒋介石総統と会談

久保木が台湾の蒋介石総統にお会いしたのは、一九七一年五月十四日のことです。この会談は、台湾政府の要人であるＷＡＣＬの名誉議長の努力によって実現しました。

台湾側では蒋介石総統に対するガードは非常に固いものがありました。普通、一民間人がなかなか会えるものではありません。それでも会えたのは、久保木がＷＡＣＬの日本支部長ということで、名誉議長が相当後押ししてくれたのです。

久保木が部屋に入っていくと、総統は机に向かって何か書きものをされていたようです。総統は久保木に気づくと、すぐ立ち上がって、握手をするために近寄ってきました。そして久保木の手を握ったまま、しばらくじっと久保木の目を見つめ、その後、座るように促されました。

当初二十分の予定が、一時間を超えるほど、会談は熱のこもったものとなりました。久保木も総統も時間のたつのを忘れて語り合ったのを記憶しています。久保木も気づいてみたら、椅子から身を乗り出して、右手を振り上げてまくしたてるというありさまだったと聞きました。

八十三歳の総統も、静かな透き通るような目で久保木を凝視しながら、とくとくと話をされ、特に中共問題になると興奮する様子が伝わってきたといいます。

久保木は前年秋に日本で行われたＷＡＣＬ大会について報告するとともに、日本の勝共活動を説明しました。また、その頃既に中共承認反対の署名活動を日本で展開していましたから、その写真などを久保木が見せると、総統はことのほか喜んでいました。

その一年後、久保木は蒋介石総統に再びお会いしています。

その時、久保木は衝撃的なことを総統に申し上げました。実は、久保木は「台湾は今、独立すべきだ」ということを蒋介石総統に伝えるように、文先生から言われていたのでした。

これは総統にとっても、中国共産党にとっても、タブー以外のなにものでもありません。大陸を共産党から追われた総統は、大陸は自分のものだと思っています。独立せよということは、それを諦めよということです。久保木としては、今独立しておかなければ、後になればなるほど、複雑な問題が絡んでくるから、できなくなる。今しかないということだったのです。

今でこそ、台湾の中に独立推進派が多くなってきていますが、その時代にあっては、許されがたい言動です。総統にしても、絶対に聞きたくない言葉だったでしょう。このことを言う前に、久保木は「今から私が話すことは、大変言いづらいし、総統には聞きづらいことです。もし、話の途中で気にくわなければ、殴《なぐ》っても蹴《け》っていただいてもかまいません」と言ってから話し始めたのです。

蒋介石総統は、夫の発言を顔色を変えずに聞いていました。

さすがにコメントはありませんでした。やはり重大なことです。周りに人もたくさんいましたし、どこかにそんなことが漏《も》れたら、台湾中大変なことになります。

蒋介石総統の死後、日記が見つかりました。それに久保木との会談のことが書いてあったそうです。日本から来た久保木という男がこういうことを言った。非常に大切なことだと書き留められていたそうです。

久保木の話が何か心に残ったのだと思います。その時に写した蒋介石総統と久保木の一緒の写真が孫文記念館に掛けられています。そこに掛けられている日本人の写った写真はこれだけで、「身にあまる光栄だ」と久保木は思っていました。

ローマ法王に謁見《えっけん》

ローマ法王パウロ六世に謁見したのは、六月十六日でした。

法王に謁見できたのは、台湾のカトリック界の重鎮であるユー・ピン枢機卿の仲介によるものでした。枢機卿はローマ法王に紹介状を書いてくださいました。また駐バチカン大使館に彼の甥《おい》がいましたので、彼に直接連絡して、取り計らってもらいました。パウロ六世はその頃病気がちで、あまり人と会うことができないと言われていましたので、まさに奇跡的なことでした。

バチカンに着いた時、私たちは真っ先にバチカンの聖地に向かい、そこで祈りました。その時、突然激しいにわか雨が降り出しました。ローマはここ二、三カ月雨が降っていないと聞いていましたので、何かを天が私たちに告げているに違いないという厳粛な気持ちにさせられたことを覚えています。

私は法王に謁見する前日の夜まで、法王の前に出るのに、紺か黒系統の衣服が必要であることを知りませんでした。それが前日の夜に分かり、大慌てです。久保木は背広を用意していましたが、私は黒の洋服などありません。店はもう閉まっています。翌朝、店が開くと一番に入って、黒の洋服を買い、十時半に法王に謁見することになりました。

久保木は法王の前に出て、こう言いました。

「法王、世界が今難しい状態にある時、あなたがこの位置にあるのは、神がある願いを持って、この位置に置いているのだと思います。あなたはいつも欧米には関心を持っていらっしゃいますが、もっと極東に関心を持ってください。そしてその意味を祈ってほしいのです」

法王はうなずきながら、「よく分かっています。私はこのほどアジアを回ってきましたが、深刻な問題があることをよく知っています。また、日本の復興を知り、深い尊敬の念を持っています。アジア旅行以来、私はアジアのために祈っています」と答えられました。

久保木はまた、「日本では今、若者たちが中心になって、国と世界を立て直すために頑張っています。私たちがいる限り、神は日本を守るだろうと思います」と申し上げました。

久保木が話し終えると、法王は身を乗り出して、久保木の手をしっかりと握り締めました。その頃、喉頭がんを患っていた法王は、久保木の手をいつまでも離さず、まるで久保木に何かを託しているかのような感じを受けたほどでした。

トルコでの歓迎

この旅行で非常に印象に残ったのがトルコでした。トルコは親日国家です。江戸時代にトルコの船を日本人が救助したり、日露戦争で日本がロシアに勝利したことなどもあって、親日家が多いのです。

日本では、客人を料亭とかレストランなどの一流の所でもてなしますが、外国では自宅に招いてファミリーで接待します。

ある方のご自宅を訪問したときに、本当にびっくりしたのは、玄関で小児麻痺《まひ》の長男と一緒に迎えてくださったことです。日本ではゲストを自宅に招いたときには、ふすまの向こうに押し込めて、「大事なお客さんが来るから、あなたはきょうは出てこないで」と言いがちです。

外国からのゲストにあえて、そういう姿を見せなくてもよいし、子供もかわいそうだと思うのです。ところがその方は、その長男を一番前にして迎えてくださったのです。そしてご主人が、「これは長男です。この子は生まれてまもなく、高熱でこうなったのです」と紹介してくださいました。

その長男に、日本の黒帯の柔道着をきちっと着せ、柔道をさせているそうです。日本の柔道に精神的に良いものを感じて、柔道を習わせ心身を鍛えているというのです。

さらに、近所に住む従兄弟《いとこ》だとか、再従兄弟《はとこ》だとかを呼んで一族を挙げて歓迎してくださいました。それには本当に感動しました。

粋《いき》なパリの泥棒

パリでは、スリにやられるという珍事も起きました。

思いがけない出会いなど、ハプニングは旅の醍醐味《だいごみ》ですが、トラブルに遭遇するリスクもあります。

パリの教会員たちが何人か出迎えに来てくれていて、「やあ、やあ」と挨拶している時、カートに載せていたショルダーバッグが、いつの間にか消えていました。空港に着いた途端、バッグごとそっくり盗られてしまったのです。中には現金とカードの入った財布、それにパスポートも入っていました。

パスポートを再発行してもらわないと動けないので、大使館に行って手続きをし、何日間かパリに滞在しなければならなくなりました。

それでモンマントルに行ったりして一週間ほど過ごした後、大使館に仮パスポートを受け取りに行きました。ところが、「久保木さん、パスポートが戻ってきましたよ」と言うではありませんか。

泥棒が大使館にパスポートを郵送してくれたのです。異国の地に来てパスポートがないと困ると思ったのでしょう。日本で使うカードも返ってきました。お金は取られましたが、「パリの泥棒はなんと粋なことをするのか」と思いました。

仮パスポートは不要となりました。

予定を決めない世界一周旅行というのは、大変重宝で、こんないいことはありません。自由にいたいだけいられるし、目的が終わったら、ゆっくり移動すればよいのです。ただ観光自体は、久保木は好きではありませんでした。観光には私だけ行かせて、「僕は部屋で休むよ」と言ってあまり出歩こうとしないのです。

その後、私たちはヨーロッパ各国を回り、続いてアメリカに渡りました。各国のリーダーたちと深い連帯の絆《きずな》を結ぶとともに、彼らの関心を極東に向けさせることに成功したと自負しています。

文先生のグランドツアー

「世界を知っておけよ。人間性に厚みがつく」

それを文先生はさせてくださいました。

十八世紀、英国の貴族は、子弟をフランスやイタリアなど海外へ旅をさせました。世に言う「グランドツアー」です。旅行の間、若者は近隣諸国の政治、文化、芸術に触れ、生きた勉強をしたのです。

世界一周旅行は、夫にとっても、私にとっても、最高の「グランドツアー」となりました。

そもそも欧州というのは、古き良きものを大切にします。決して近代化を急ぎません。近代化が進んでいるなと思ったのはドイツでした。電気も蛍光灯でしたし、高速道路（アウトバーン）が整備されていて、しかも無料なのです。

ドイツですごいと思ったのは省エネでした。感心したのは、エスカレーターが常時動いているのではなく、その前に立つと動き出すのです。一九七二年頃の話です。

電車が駅に着いても、ドアが全部開くのではありません。自分がボタンを押さないと開かないのです。それが分からなくて、目的の駅で降りられなかったことがあります。一時間先まで行って、やっとボタンを押して降りることを学習したのです。既に夕方になって薄暗く、その日はただ帰るしかありませんでした。

一方、イギリスは、伝統的に古き良きものに価値を置いて大切にします。日本は内外共にそのイギリスから大きな影響を受けたのです。

トイレは壁に箱が付いていて、水は紐《ひも》を引っ張って流す、初期の水洗トイレでした。クーラーもなく、天井の羽が回っているだけです。イギリス自体が暑い国ではないので、冷房も必要ないのでしょう。七月でもコートを着ていたくらいですから。

近代化の進んでいる日本からは、意外な感がありました。

「救国の予言」

一九七三年から翌年にかけて、久保木は「救国の予言」と題して、共産主義の脅威と危機の本質を訴えて、全国百二十四カ所で巡回講演を行いました。そのすべての講演会に同行しました。講演後、久保木は最初に私にどうだったかと聞きます。私はとにかく、どのような話し方をして、何と何を話すというのは全部、頭に入っています。

全国124カ所で行われた「救国の予言」講演会。
会場はどこも熱気に包まれた

久保木は原稿を読んでいるわけではありません。いろいろな引き出しから出てくると思うのですけれど、場所によっては、後で話すことが先になったりしますが、言うことは大体決まっています。でも、たまに大事なことがスポッと抜けることがあります。それで、「良かったですけど、あれが抜けていました」と指摘すると、「そうか、そういえば忘れちゃったな」といった感じです。

とにかく毎回、私だけでなく、みんなにも感想を聞くのが癖でした。

「救国の予言」で全国を回りましたが、ある婦人がとにかく久保木のファンで、芸能人について回る〝追っかけ〟のように、久保木を追って一緒に全国を回っていました。その婦人が、後年、久保木が病気になって車椅子で講演するようになると、「(名誉) 会長、いつ倒れられても、大丈夫ですよ。私、会長の講演、全部暗記しましたから」と冗談交じりに語ったことがありました。それくらい熱心な婦人でした。

「救国の予言」で久保木が最も訴えたかったのは、「甘いヒューマニズムこそが国を滅ぼす」ということでした。

このヒューマニズムというのは、「人間中心」「人間尊重」ということで、実に聞こえがいいのですが、そこに重大な落とし穴があるのです。

もともと近世のヒューマニズムは、あまりに神中心主義に偏った中世のカトリックへの反省から出発したものです。

西洋の精神的主流には、リンカーンの演説に「神の下での、人民の人民による人民のための政治」とあるように、「神の下での」といった価値観が底流に流れています。

ところが、このヒューマニズムが日本に入ってきて思想的に脱色された結果、ヒューマニズムから神を中心とする価値観が消え去り、「あれもよこせ、これもよこせ」といった貪欲《どんよく》なエゴイズムに堕しているのです。

これが日本的ヒューマニズムの思想で、共産主義の温床になっているものです。久保木はこのヒューマニズムの極致が唯物論、共産主義であると説いたのです。

久保木は「救国の予言」を次のように結びました。

「しかし、皆さん、共産主義が怖いのではありません。魂を毒されていることが怖いのであります。肉体だけの人間性を乗り越え、高い精神的理念に基づいた愛と奉仕の実践者を育成していくことが、共産主義を克服する道であります。『怨みに報いるに徳をもってせよ』という道理を日本人の教官から学んだと蔣介石総統は言っておられましたが、実に、そのような魂の実践者を輩出することこそ、日本を救う道であります」

この「救国の予言」講演会に参加してくださった人は、延べ十七万人に上りました。中には中高校生もやって来ました。彼らを惹《ひ》きつけたのは多分、「共産主義の脅威」ではなかっただろうと思います。ポスターにある「予言」の言葉に惹きつけられて、占い師がするような「未来予測」に興味があったのではないかと思います。そうした人にとっては多分、失望の講演会となったことでしょう。

「救国の予言」の「予言」というのは、神がかった未来予測を述べ、手前勝手な根拠のない楽観で人々をぬか喜びさせたり、逆に意味のない不安を煽《あお》ることでもありません。

「予言」は本来、「預言」と書き、天から預かった言葉を語るものです。そこには私心が入ってはいけないのです。預金は預かったお金ですが、預言は神様から預かった言葉なのです。

西郷隆盛は、「文明とは宮殿の荘厳さや衣服の美麗さなど、外観の華麗さを言うのではない。文明とは『道』の広く行われることだ」ときっぱり述べています。本当にそのとおりだと思います。

西郷は、中国から茶葉を輸入して生じる貿易赤字を、アヘンを強引に売り付けることで埋めるという、人の道に反した植民地政策にキリスト教国家の偽善を見て取ったのだと思います。

フランシスコ・ザビエルが来日して、まず驚いたのは、日本人は貧しいことを恥ずかしがらず、卑しい心をこそ恥じた点でした。そうした価値観が変わってしまったのは、戦後アメリカ文化の影響による誤った個人主義と、何でも金銭、数字で測る社会になってしまったからだと思います。

今だけ良ければいいという刹那《せつな》主義、お金があればいいという拝金主義、それに他人はどうなっても自分さえ良ければいいというエゴイズム。「今だけ、金だけ、私だけ」という、現代社会に蔓延《まんえん》している皮相な処世観を一掃しなければ、この国に未来はないと思います。

宗教の時代

宗教は人間以上の存在との関わりを第一義とします。自己の無力さを自覚し、神への帰《き》依《え》を説きます。神あるいは仏による救済なしに自己の存在はあり得ないと悟るのです。つまり「生きる」ということの本質は、「生かされている」ということなのです。

ですから感謝の心で生きることを教えます。生かされている喜びを他者と分かち合うことが愛なのです。キリストはそれを隣人愛と呼び、お釈迦《しゃか》様は慈悲と呼び、孔子は仁と呼びました。

仏教哲学の権威である中村元《はじめ》先生（東京大学名誉教授）は、仏教の本質は無私と慈悲だと言っておられました。自分以上の存在に帰依することにより、己を無くすこと、また慈しみの心をもって他者に接するということが仏教の本質だというのです。

イエス様も同じことを言っています。一番大切なのは神を愛すること、次に隣人を愛することだと言うのです。

イエス様は神から見捨てられて十字架にかけられてしまいました。その時、イエス様は神に祈って、「わが神、わが神、なんぞ我を見棄《す》て給うや」という悲痛な叫びをしています。

しかし、神様は一言も答えられませんでした。イエス様は神様から見放された立場で、無慈悲にも残酷な十字架の上で死ななければならなかったのです。その瞬間こそ、イエス様は最も勝利しがたい立場に立ったのでした。

しかし、「沈黙」を守り、応えてくださらない神様を、イエス様はなお信じ、自分の無惨な姿を見ておられる親なる神様を信じていったのでした。

さらに「父よ、彼らをおゆるしください。彼らは何をしているのか、わからずにいるのです」と、とりなしまでしているのです。最後の厳しい愛の峠を越えていったのがイエス様でした。

これら宗教の先達《せんだつ》たちが示した道は、共産主義の生き方と全く対極に位置します。共産主義の本質は、無神論と憎悪です。理想実現の方法は社会革命です。宗教は、神あるいは仏に帰依することを説き、愛や慈悲を教えます。理想実現の方法は、まず自己の内的変革です。共産主義が崩壊した今日、こうした価値観を有する宗教が大きな役割を担う時代がやって来ました。

政治によるユートピア実現は不可能です。社会体制を変えても、人間自身のエゴイズムが変わらなければ、形を変えて悪がはびこるのです。

競争社会における利己主義者は、平等社会に変わったら、怠けて同等の賃金を得ようとするでしょう。本質は何も変わっていないのですから、悪平等がはびこるだけです。


「ハナニムノム　マンセー」


久保木は声が大きいので、名節などでエンターテインメントが終わって最後に万歳三唱の音頭を取ることがよくありました。

ある名節の時も文先生から「久保木、万歳三唱をやれ」と言われました。ところが、久保木は「ハナニム　マンセー」と韓国語で唱和するところを、「ハナニムノム　マンセー」と言ってしまい、韓国の先生方から大爆笑が起こりました。その笑いがなかなか止まりません。中には、おなかを抱えて笑い転げる人もいました。

「ハナニムノム　マンセー」というのは、日本語に訳すと「神様の奴、万歳！」となり、とんでもない意味になってしまったのです。それでみんな、とんだ珍事に笑いの渦となったのでした。

怪訝《けげん》な顔をしている久保木に解説が入って、やっとのみ込めた様子でした。

それでも久保木は「はあ、そうなんですか。私の耳には、ノムと聞こえたので、そういうふうに言わないといけないと思って、まねしたんです」ということでした。

韓国人が「ハナニム　マンセー」をした時、久保木には「ノム」と聞こえたらしいのです。

外国語を語る時、しばしばこうしたハプニングが起きるものです。

ある韓国の幹部が日本に来た時、日本語がよくできなくて、日本の若いメンバーに対して「皆さんは神様の金玉です」と言ったことがありました。本人は「金の玉子（卵）」と言いたかったのでしょうが、言葉を短縮したので意味が変わってしまったわけです。

冗談を言って周りを和ませるのは、久保木の得意とするところです。

文先生のご一行をお迎えすると、みな緊張して黙っています。その場の空気を変えたいところですが、そんなとき、久保木が一人で場を盛り上げてくれるのです。それは絶品の手腕でした。

それは佼成会時代から結婚式やエンターテインメントの司会役をこなしてきた経験から来るものというより、生来の底抜けの明るさが笑いを呼び込むのだと思います。

文先生からも、「怒ろうと思ったけど、久保木！　お前の顔を見たら、先生、怒れなくなったよ」と何度言われたことか分かりません。

文先生が怒ったら、それこそ虎が吠《ほ》えるようで、誰しもが震え上がる思いをするのですが、久保木はそんな叱《しか》られ方をされたことがなかったのではないでしょうか。

第七章

「積善の家に必ず余慶あり」

人工透析

久保木の糖尿病は五十代から始まったのですが、糖尿病と診断されたら、よほど意志力が強くて自己管理ができないと、段階的に悪くなっていきます。

久保木は、痛くも痒《かゆ》くもないので、血糖値が上がることなど、一向に気にしませんでした。そのため、日がたつにつれて悪化していきました。

当初、飲む錠剤だったのが、やがてインシュリンを打つようになり、ついに透析をしなければならなくなりました。

透析はどこの病院でもできるというものではありません。そのため透析のできる病院の近くに引っ越しすることになり、練馬《ねりま》区に移転しました。

足が弱っていたので、車椅子で出入りできる、段差のない家を見つけ、そこから阿佐ヶ谷（杉並区）の病院に週三回、透析のために通うことになりました。

結局、透析は久保木が亡くなる一九九八年まで、六年間続けました。それでも久保木は、透析をしながら台湾など海外の講演もこなしていました。そうした海外には、すべて同行しました。

当時、透析は一日置きにしていたため、海外の出張先で透析をするように手配してから出掛けないと、下準備なしに行って透析ができないとなると、大変なことになります。

最初の頃は、透析をしながらも元気で、教会の仕事も中断することなく、車椅子を使って、とにかく久保木独特の講演をしていました。車椅子で舞台に上がるのですが、話が始まると、以前と全く変わらず、声もよく通りました。

その期間に一度、韓鶴子《ハンハクチャ》夫人が来日されたことがありました。

その時、久保木は阿佐ヶ谷の河北病院に入院していたのですが、赤坂見附《みつけ》のニューオータニまで夫人を訪ねていったことがあります。

河北病院は、ずっと人工透析をした病院で、最期を迎えたのも、この病院です。

病院の先生から外出許可を頂いてニューオータニまで行きました。韓鶴子夫人もびっくりして、「私のほうが病院にお見舞いに行こうと思っていたのに、あなた、大丈夫なんですか」と語られ、「病身の久保木さんすら、私にこうして会いに来られている……」と大変、感動されていました。

病院では、朝八時から夜八時までが面会時間です。それで、朝八時から丸々十二時間、夫に寄り添って看護していました。それが病院では有名になりました。私ほど、ご主人の看護をする人などいないわけです。

入院患者を見ると、実にかわいそうな患者が多いのです。奥さんさえ一度も見舞いに来たことがないといった孤独な人もいます。それが、朝から晩まで付きっきりで看護しているのですから……。

病院では看護婦さんたちの耳に、私たちの会話が漏《も》れ伝わるようでした。

ある時、主治医が、「奥さん、ご主人はお家《うち》でも奥さんにああいう言葉遣いをされるのですか?」と尋ねたことがあります。久保木はお茶が欲しい時も、「おい、お茶」とは決して言わず、「お茶を下さい」と丁寧ですし、いつも「ママ、ありがとう」と言っていました。

それで「はい、そうですけど」と言うと、「ご立派ですね。奥さんは若い頃、よっぽど愛されたんでしょう。その献身振りを見れば、分かります。ご主人は、そのお返しをされているんでしょう」と言われるのです。

「人はみな、見ているんだなあ」と驚いたものです。

腹膜透析

四年間は、右腕の血管に管を通してする透析でした。しかし、それを四年間も続けると、その腕の部分がカチカチになってしまい、続けられる状態ではなくなります。それ以後は、腹膜に管を入れてする腹膜透析です。

久保木は昔、盲腸の手術をしています。その盲腸の手術の影響で癒着《ゆちゃく》すると腹膜に管を通すのは難しくなるそうです。そうした難しい手術でしたが、お医者さんが「入った！」と飛び上がるほど喜ばれたことを覚えています。それで腹膜で透析ができるようになりました。

腹膜透析は病院に行かなくても、家庭でもできます。その腹膜透析を「家庭でできるよう挑戦してみましょう」ということになりました。

それからが大変でした。

それまではバックアップ態勢の整った病院での透析でしたが、自宅での透析となれば、私が全責任を負うのです。それで「私が完全に看護婦になり切らなければいけない」と覚悟しました。

とにかく人工透析の最中に菌が入ったら終わりです。ですので、管理はものすごく厳密でした。

まず、お医者さんが家を調べに来て、衛生管理上、大丈夫かどうかをチェックします。ごちゃごちゃしたマンションのような狭い所で、子供がいるような家庭環境では絶対に無理です。家で透析を行うためには、三畳くらいの部屋が一つ必要です。

その衛生チェックをクリアすると、透析液が一カ月分、家に配達されます。家は屋外に倉庫のある関町（練馬区）の家でした。その倉庫の棚に一カ月分の透析液を保管しました。

透析を始める時、まず機械を使って体温と同じ温度に温めます。冷たいのを入れたら、体温が下がってしまって、体調を崩しかねません。

その時、初めて腹膜透析というものを知りましたが、マスクをし、さらに十分に洗った手にゴム手袋をはめ、目に見えない空気中の菌や埃《ほこり》まで注意しないといけません。大変なのは、衛生管理を完璧にしないといけないことです。

そのため透析開始一時間前には、エアコンのスイッチを切ります。エアコンは空気中に埃や雑菌を混入させる恐れがあるからです。

透析をする前に体重を測ります。病院と同じ車椅子ごと測れる体重計を使います。それで体重が五キロ増えていれば、五キロ分の水分を透析液から抜かなければいけないのです。久保木は便は出ても、おしっこは一滴も出ません。要するに、透析というのは、不要な排泄物を除外するものなのです。

おなかの上に管が出ていて、それに蓋《ふた》がしてあります。その上にビニールのようなものが貼ってあるのです。それでそのままお風呂に入ったり、シャワーを浴びることもできるのです。

透析をする時には、そのビニールを剥《は》がして、管のキャップを開け、その中に透析液の管を入れます。体から抜け出た液体は、ちょうど尿の色と同じで、薄い黄色みがかった、しかもきれいな透明です。

透明でなかったらだめで、そこに浮遊物があるかどうか、必ずチェックします。専門的には混濁と言います。牛乳を少量、水に落として混ぜたら混濁しますが、そのような状態になったら、すぐに病院に連れていかなければならないのです。

一日に四回透析をします。毎日、それをしないといけないので大変でしたが、二日に一度病院に行って半日間するのと、一日に四回に分けてするのとでは、本人の負担が全く違います。私は大変でしたが、本人は自宅透析で随分楽になったと言っていました。

そんな情況でしたが、車椅子ででも、とにかく久保木に来てほしいと、講演依頼は全国から殺到していました。それで、常に同行先で透析をしなければなりませんでしたので、ホテルのきれいな部屋で、エアコンを切ってしていました。

一年間で行う講演の数は、元気な時と変わらないくらいでした。しばしば松濤本部での会議もありましたので、それにも車椅子で参加していました。

家での療養を強いられてはいましたが、毎日ではなかったけれど教会によく行って、あまり病人らしくはしていなかったのです。とにかく教会の仕事に対する情熱には、凄まじいものがありました。

このように、病院には行かなくてもよくなりましたが、その代わりに私にかかる重荷は大変なものになっていきました。それを二年間、続けました。

因縁の深い中国

教会で世界宣教の任地国をくじ引きで決めるということがありました。久保木は病気でしたので、自身でくじを引くことはできませんでした。

当時は櫻井設雄さんが会長の時代でしたので、櫻井さんが久保木の代わりにくじを引いたのです。くじの紙には二百近い国の中から一つずつ国名が書かれていたのですが、櫻井さんが代わりに引いたくじには「中国」と書かれていました。

そこに参加した人たち全員が不思議な因縁を感じ、厳粛な気持ちにさせられたそうです。中国と言えば、久保木が生まれ育った国です。今は神を否定する共産主義国家で、中国共産党の一党独裁が続き、宣教の難しい国と言えるでしょう。

教会の長老など偉い方たちが、アフリカの聞いたこともないような国を引き当てて、「なんで私がこんな国の国家的メシヤとして行かなければならないのか」などとブーイングが出そうな雰囲気があったのですが、「久保木（名誉）会長が中国」ということが分かると、このくじはただ事ではないぞとなったそうです。

久保木は生前、中国に対して関心を強く持っていました。もし今も健在であったら、中国についてどう考え、何を訴えたいと思うでしょうか。

その中国ですが、国民党の蒋介石は毛沢東に追われる前、「腐敗と戦えば、党を失う。しかし、腐敗と戦わなければ、国を失う」と中国の支配者が直面してきた歴史的ジレンマを述べています。

二〇一二年の共産党大会で、胡錦濤前総書記は「汚職を一掃しなければ、党も国家も滅びる」と蒋介石より厳しい危機認識を示しました。習近平政権は、「虎もハエも叩《たた》く」と、大物も木端《こっぱ》役人も、汚職は徹底追及すると腐敗一掃運動をしています。前政権首脳部の汚職問題に対する危機意識を受け継いだかに見えますが、その内実は、権力闘争の武器として使っているだけとも言われています。汚職問題の追及は、政敵を黙らせる効果が大きく、その気になれば、誰でも潰《つぶ》すことができるというわけです。

その結果、習近平主席の権力集中が急速に進んだのは事実ですが、そういう政治をすればするほど反発は大きくなり、反対勢力の肥大化が進行するのは避けようがないでしょう。

習近平政権の政治手法は、党の幹部に対して秘密警察を差し向けるようなやり方です。誰もが自分が調査対象になりかねないと、疑心暗鬼にならざるを得ない恐怖政治です。中国共産党政権の中で、もう一度、文化大革命が始まったようなものです。江沢民派にしても胡錦濤派にしても、今はじっと我慢している状況です。こうした状況が長く続くことはないでしょう。

いずれ反動が来るのは必至です。その時は、凄まじいことになるでしょう。オセロゲームのように、ずらり並んだ白が黒に一変するからです。

習近平政権の手法は毛沢東の文革時代だけでなく、秦の始皇帝の手法にも似ています。中国史上最初の覇者となった始皇帝は、焚書坑儒《ふんしょこうじゅ》で民間人が所持していた書経、詩経、諸子百家などの書物をことごとく焼き払い、儒者を生き埋めにしました。

一方で、四方に延びる馳道《ちどう》（幹線道路）など、大土木工事による国づくりに励みました。

習近平政権は、ラマ教のチベットやイスラーム（イスラム教）のウイグルに迫害の鞭《むち》を振り下ろし、増え続けるキリスト教徒も弾圧しています。ネット社会を監視し、言論統制を強化するなど、鉄腕統治に舵《かじ》を切っています。その一方で、シルクロード経済圏構想やラオスやタイでの高速鉄道建設など、現代の馳道を建設しています。

しかし、秦はわずか十五年で滅亡の道を転げ落ちています。強権政治の習近平政権も、その失敗のくびきから解放されることはないのかもしれません。

戦後七十年を迎えた二〇一五年、中国は日本に対し「歴史戦」をしかけてくるでしょう。しかし、大躍進政策や文革以来、一体、誰が多くの中国人民を殺してきたのでしょうか。粛清だけでなく餓死者を含めれば、その数は数千万にも上るとも言われます。それを行ったのは、少なくとも日本人ではありませんでした。

自分の歴史さえ正視できない国が他国に対して歴史認識を求めることができるのでしょ

うか。そもそも嘘《うそ》をついたり、都合の悪いものは隠蔽《いんぺい》したりする政府が、真実を語れと要求できるのでしょうか。

いずれにしても、へたをすれば中国のアジア覇権確立を許してしまいかねない状況です。中国問題は、我が国が向き合わなければならない緊喫《きっきん》の政治課題です。経済再建こそが政治の第一課題だという有権者は多いのですが、安全保障問題は経済に勝る優先事項です。

一九八〇年代、ソ連に対して対決姿勢を取ったレーガン米大統領は、米国や欧州の安全を脅かす戦争挑発者だとさんざん批判されたものです。しかし、今は誰もが冷戦勝利とソ連崩壊をもたらしたのはレーガン氏であると理解しています。力によるアジア覇権を求めようとしている中国に対し、〝日本のレーガン〟の出現が望まれています。

地域の安全を脅かす攻撃的な国に対し、譲歩やごまかしではなく、毅然《きぜん》とした態度を取ることが、平和を守る最も確実な方法です。ナチスの意図を見抜けず、融和路線を選択したチェンバレン英首相の失敗の轍《てつ》を踏むようでは、アジアにかかっている暗雲を払拭することは不可能でしょう。

もちろん、中国はナチス・ドイツではないし、冷戦時代のソ連でもありません。ですが、我が国は中国が仕掛けてきた挑戦に対処しなければならないのです。

久保木は、きっとそんなことを訴えたいと思っているのではないでしょうか。

こうした時代にこそ、中国の内情を肌身感覚で知悉《ちき》している久保木の出番だったのにと、多くの人から言っていただきますが、私も少し、そう思わないこともありません。

夫の遺言

ベッドに横たわっている夫が最後に、「書き留めてくれ」と言ってきたことがあります。夫はしっかりした口調で「セキゼンの家に必ずヨケイあり」と言いました。

「セキゼンとは何ですか」と私は尋ねました。

「積善と書き、隠徳《いんとく》と同じような意味で、文先生の言われる『為《ため》に生きよ』ということです。善を積む家は、喜びが余る」と説明してくれました。

夫が残した言葉は「積善の家に必ず余慶あり」というものでした。

マタイによる福音書6章19節から20節に「あなたがたは自分のために、虫が食い、さびがつき、また、盗人らが押し入って盗み出すような地上に、宝をたくわえてはならない。むしろ自分のため、虫も食わず、さびもつかず、また、盗人らが押し入って盗み出すこともない天に、宝をたくわえなさい」とあります。

人間に肝臓があるように、銀行に貯金することも大事ですが、それ以上に人さまに喜んでいただいたり、目には見えないけれども、天の求めに応じる善の貯蓄をすること、それこそが、私たちが心掛けなければならないことだというのです。

亡くなる十日くらい前のことでした。

昇華式《スンファ》（聖和式《ソンファ》）の時、これは「夫の遺言」のようなものになりましたと紹介させていただきました。

今から振り返ると、その時、遺言を私に託したわけですが、老いさらばえて朽ち果ててしまうような悲壮感は皆無でした。

第一級の詩人でもあった曹操《そうそう》は、「老驥《ろうき》櫪《うまや》に伏すとも、志は千里に在り　烈士《れっし》の暮年《ぼねん》、壮心《そうしん》已《や》まず」との詩を残しています。

「馬が老いて馬小屋に繋《つな》がれていても、千里を駆けようとする気概を持っている。生命を顧みず、高い志を失わない者は、晩年になっても、意気盛んなものだ」という詩には、曹操の心意気が込められています。

その曹操の詩を偲《しの》ばせるような気概が、夫には感じられました。

静かな死

亡くなったのは一九九八年十二月十三日午前一時五十九分でした。

入院しても、私が病院で透析を担当していたのですが、十二月十二日、病院のほうから「久保木さん、お正月は、ご家族で過ごしたいでしょう。そのつもりで準備してください」と言われるほど体調は安定していて、食事もよく食べるし、正月は一時帰宅して家族と過ごしても大丈夫と医師が判断するくらい、元気になっていたのです。

ところが夫の体は、その日に急変したのです。

私は病院での面会の時間は、毎日午後八時まで取れます。その日も午後八時になったので「じゃ、帰りますね」と言って家に帰りました。

それでお風呂に入っていたら、病院から電話が掛かってきました。

「すぐ病院に来られますか？　ご主人の容態が急変し、危険な状態なので、奥様、来られたら、すぐに来てください」

夫の生命力を折れ線グラフで表せば、すっと落ち込んで低空飛行になって、一時、すっと上がるけれども、またすぐに低空飛行になるといった状態で、いつゼロになってもおかしくない状態だったそうです。

病院で「正月には家族と過ごしてください」と言われたばかりなのに、どうしたことだろうとびっくりして、深夜十二時近くに病院に駆けつけました。しかし、既に昏睡状態で、声を掛けても意識はありませんでした。

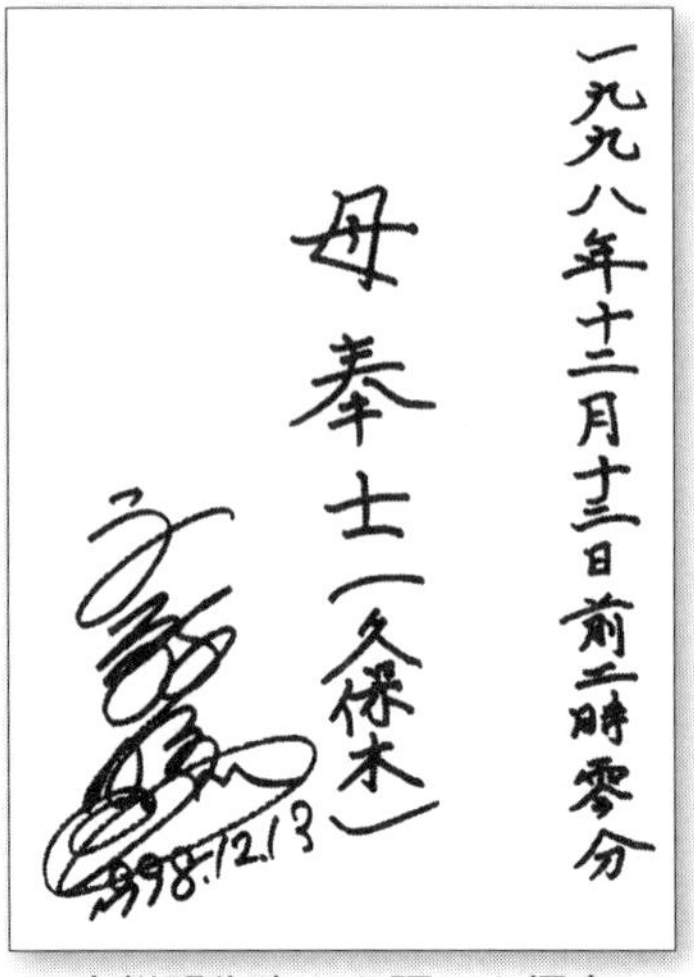

文鮮明先生から頂いた揮毫

夫の死は静かな死でした。苦しむことが全くありませんでしたし、穏やかに息を引き取ったのです。

赤ちゃんは狭い産道を通って、苦しい思いをしながら生まれると聞いていますが、死んで霊界に行く時も、同じような苦しみを味わわないといけないのかなと思ったことがあります。しかし、夫の死は穏やかに眠るようでした。一九九八年十二月十三日午前一時五十九分、永眠の床に就いたのです。

文鮮明《ムンソンミョン》先生は「一九九八年十二月十三日（午）前二時零分　母奉士《モボンサ》（久保木）」（母奉士

＝母の国に捧げた士）と書いてくださいました。この言葉の中に夫の人生のすべてが含まれていると言えます。

一九六八年、日本最初の祝福家庭として韓国から帰る際、文先生から呼ばれて頂いた揮《き》毫《ごう》が「日本之情　忠孝之源」でしたが、どちらも魂に刻印された言葉です。

詳細は語れませんが、夫は文先生から十二月十五日までを期限とした使命を託されていました。

しかし、地上のすべての道は閉ざされたままでした。それで夫は「自分が霊界に行くしかないなあ」と冗談で言っていたのですが、それが本当になってしまったのです。

夫は冗談のように言っていたようですが、実は本気だったのかもしれません。

文先生から指定された期限は十二月十五日でした。夫は目標を絶対的に設定して動く人でした。文先生の切実な願いに対しては、最後の最後まで最善を尽くさなければならないというのが、夫の生き様でした。

現実には最善を尽くしても、だめな場合もあります。ですが、その結果は、決して無意味なものではありません。小さな失敗から学んだ教訓を活かして、次の大きな目標が達成できたり、失敗でつながった因縁の枝に大きな実が実ったりと、負の遺産がプラスに転化するのです。

植物が枝葉を出すように、いろいろに分かれていくのですが、要は命となる真心が枝葉につながっているかどうかです。

そのために、夫には十二日夜からずっと十五日の期限に間に合わせなければならないという使命感があったのだと思います。

仏教説話の中で、兎《うさぎ》は献身の象徴です。我が身を焼いて供養した功徳《くどく》で、今も月の中にあって人々から仰がれていると言われます。

この仏教説話は、死ねと言っているわけではありません。命を捨てても信念に生きる覚悟を説いているのです。

その意味で、夫の生き様は、月の兎に似ているのかもしれません。

夫の遺稿は『美しい国　日本の使命』（講演集、世界日報社刊）です。「美」は大きな羊と書きます。原義は生贄《いけにえ》の羊を背負って祭壇へ歩む姿だと言われていますが、夫の最期は、「美しい日本」を背負った一人としてふさわしいものだったと言ってもよいのではないでしょうか。

皆さんが「久保木（名誉）会長はどうしてそんなに早く亡くなったのですか？　あまり

にも早過ぎたのではないですか？」とおっしゃるのですが、私は夫の死がどういうものだったか知っています。

親戚もそうでした。お別れ会を開いた際、親戚もみな参加してくれました。その場で又従兄弟《はとこ》が「必要不可欠なはずの久保木会長を、どうして神様は連れていってしまったのか」と言いました。それに対して横井捷《かつ》子さんが答えてくださいました。

「私たちは久保木会長にはもう少し長生きしていただきたいとの思いはありました。でも、人間は百歳まで生きるのが幸福なのでしょうか。長生きをすれば幸福なのでしょうか。人間はどういう生き方をして、どういう死に方をしたかというのが重要なのではないでしょうか。

例えば、イエス様は三十三歳の若さで十字架につけられて亡くなりました。しかもイエス様の公生涯は、たった三年しかなかったのに、その後、キリスト教を国教とするヨーロッパの国々が出てきて、イエス様の死後、どれほど発展していったか分かりません。イエス様は生きていた時よりも、死後に価値が現れたように、久保木会長も、自分ではどうすることもできない、天の計らいがあったのでしょう」

私は素晴らしい答えだと思いました。みんなが納得してくださったような気がします。

久保木の死は、ろうそくの火が消えていくような、本当に安らかなものでした。お医者様がそばで控えている中、点滴の最後の一滴が落ち、そのまま止まりました。それをもって心臓の鼓動は止まったのです。忘れもしない午前一時五十九分のことです。

私は、夫の最期は、あれでよかったのだろうと思います。

韓国では「生まれてくる福があるように、霊界に行く時の福もある」と言います。

「本当に静かな死で、やすらかに霊界に行きました」と言うと、「本当に死の福を持っておられたのでしょうね」と言われ、ああ、そんなことがあるのかなと思ったことがあります。

第八章　世界平和は女性から

WFWP会長

一九九九年三月、「世界平和女性連合」（WFWP）第七回総会で会長に就任しました。（二〇一二年十一月退任）

世界平和女性連合の会長になって最初のスピーチは以下のようなものでした。

ご紹介を頂いた久保木でございます。身に余るご紹介を賜り、大変恐縮に存じます。この大任を思うと、緊張と不安でいっぱいというのが、正直な私の気持ちでございます。きょうの総会を通して、既に十年以上皆様が力を合わせ築き上げてこられたものが、大きな川となって力強く流れ始めていることを実感いたしました。

私たち一人一人は小さな存在ですが、心を一つにして力を合わせるときに、どんな逆風も乗り越えてくることができたのではないでしょうか。

こうして意義深い第七回総会を迎え、個人においても、また会としても、一段階、飛躍しなくてはならないのではないかと思います。

ＷＦＷＰ会長としてスピーチをする筆者

先日、東京都知事候補（一九九九年四月選挙）の鳩山邦夫さんが、テレビで「私は男としてどうも言いにくいのですが、この世紀は男による世紀であった。二十一世紀は女性の、それも母親のような世紀になるのではないか」と、こんなことをおっしゃっていたのでびっくりいたしました。

時代の要請からか、巷《ちまた》でも盛んに二十一世紀は「女性の時代」と言われ始めております。

韓国の文芸評論家で初代文化部長官を務めた李御《イオ》寧《リョン》氏は、「男性の文化は刀の文化、女性の文化は針の文化」と言われました。刀をもって男性が切り裂き、分断し、バラバラにしてしまった世界は、精神の荒廃による倫理、道徳の欠落、青少年の非行、学校崩壊、家庭崩壊と……、地球は今や病める星となってしまいました。

もはやこれを修復するには、お母さんしかおりません。分断されたものを針をもって縫《ぬ》い合わせ、繕《つくろ》い……。女性は常に生命と密着してきたのです。子供を生み、育み、夫の無事を祈って平和を常に願ってきたのは、女性でありました。それも母親の愛ほど崇高な愛はありません。母性愛ほど強いものはありません。

女性の使命を再確認して、国を動かすような活動をしていかなければならないと思います。着々と進んでいる海外プロジェクトと、それを支援する各連合会の関係を見ましても、それぞれの国を自分の第二の故郷のように思って支援される姿は、親です。留学生支援を見ましても、奨学生は「日本のお母さん」と言って、各県本部に感謝の手紙が送られてきております。各地域の奉仕活動や青少年健全育成条例への働き掛けでも、我が子を思う如《ごと》く、日本の未来を担う子供たちの将来を思い、良い環境をつくり、このままでは大変だという真剣な気持ちが運動になっていくのです。この気持ちこそが、私たちの財産ではないかと思います。

十二年前に「アジア平和婦人連合」が発足し、七年前に「世界平和女性連合」へと昇格していきましたが、その名称を考えると、私たちにとってとてつもなく大きなものと感じたものでした。しかし、私たちは、アジアからアメリカへ、そしてヨーロッパ、中東へとあらゆる所に姉妹結縁の輪を広げてまいりました。

派遣メンバーなどは名前も聞いたことがないようなアフリカの奥地の国まで行っており、「地球家族」という大きなタイトルも、迂遠《うえん》なものではなく、当然という感じになりました。そうなると、主役の母親の役割は、子供たちに食べさせ、飲ませ、着させ、病の時は看病し、教育していくということですが、それを様々な国でするのは当然ということになるのです。

国や民族を超えていけるのは、皮膚の色が違おうと、言語が違おうと、親の心しかないと思うのです。それは素晴らしいというのです。世界を抱くような母の心を以《も》って環境を変え、社会を動かし、二十一世紀を迎えなければならないと思います。

また私たちは家庭再建をモットーにしておりますが、今、私が実感しておりますことは、夫婦の絆《きずな》の大切さでございます。

私は昨年（一九九八年）、夫を霊界に送りました。六年に及ぶ人工透析、脳梗塞《こうそく》による半身不随が後半の八カ月でありましたが、一心同体とはこういうことなのかと思うような、深い深い絆を結び合うことができ、「すまないな。ありがたいな」と、それはそれは山ほどの感謝の言葉を頂きました。

夫婦の間では、してもらって当たり前、してあげて当たり前、一番使っていない言葉が「ありがとう」です。この言葉は、家庭の中でこそ最も使わなければならないと思います。

不思議なことに、今、地上にあった時以上に、主人に語り掛け、報告し、相談する自分を見るときに、夫婦の愛というものは、生も死も超えた永遠のものであると実感しています。

聖書の中に「愛しているので、死からいのちへ移ってきた……愛さない者は、死のうちにとどまっている」（ヨハネの第一の手紙3章14節）という言葉がありますが、その意味がよく分かるようになってきました。

そんなことを、主人を送って痛感しておりますので、まして実体のご主人と共におられる皆様、すべての出発の原点である夫婦愛を深く結びながら、家庭を神様の基地とするよう、家庭の再建運動をしていただきたいと思います。

これからの私の大任は、皆様のお力に支えていただき、女性連合の大切な七年目をしっかりと積み重ねていきたいと存じます。どうぞよろしくお願い申し上げます。

忘れがたい人

私には忘れがたい韓国人が二人います。この方たちとは、今も交流があります。私は女性連合の会長になる前に、日韓女性親善協会という、日本と韓国の婦人の親善交流協会の理事でした。一人は、その時に交流した人です。

日本側の会長は相馬雪香さんで、既にお亡くなりになりましたが、「憲政の神様」、「議会政治の父」と呼ばれた政治家、尾崎行雄の三女の方でした。李方子《まさこ》妃殿下との交流もありました。李妃殿下は書画を描き、陶芸をし、木目込みの人形を作るなど、多才な持ち主です。そういう作品を出品していただくなど、交流させていただきました。

韓国側の会長は国会議員の朴貞子《パクチョンヂャ》さんで、韓国の会員はトップクラスの女性ばかりでした。韓国は当時、自由に海外に出ることのできない時代でした。お金があっても、自由に海外に出られないのです。しかし、国際的な交流や活動をするのであれば、海外に出られました。日韓女性親善協会の活動であれば、海外に出ることができました。例えば、「総会を日本でします」と言えば、出国が認められたのです。そういうこともあって、韓国の会員には本当にハイクラスの女性たちが集っていました。

その中に金仁圭《キムインギュ》さんという方がいらっしゃいました。私より一歳下の素晴らしい女性で、親交を深め、今も交流は続いています。

金さんは韓国ゾンタの会長です。ゾンタというのは奉仕活動をする世界的な組織で、日本にもあります。

ご主人は貿易会社・柳渙《ユファン》商事株式会社の社長でしたが、飛行機事故で亡くなられ、その後は、金さんが社長を務めておられます。

その金さんの日本語は、日本人かと思うほど発音が良く、ボキャブラリーも豊富で、ご自分でも韓国語の本より日本語の本のほうが読みやすいと言われるほどの日本通でした。

金さんは帝国ホテルに一室、部屋を長期契約されて持っておられました。まだ久保木も元気な時で、帝国ホテルにオフィスを構えていたので、久保木とも意気投合して、夫婦で交流が続いた方でした。いつも日本に来たら、自分の部屋に泊まり、仕事をして帰るということを繰り返しておられました。

金さんとは不思議な縁がありました。韓国の長老教会の信仰を持っておられたお母様と、久保木の母とは京城女学校の先輩・後輩の間柄でした。これにはお互いにびっくりして、お母さん同士の交流が始まりました。

私たちも日韓姉妹結縁をしました。さらに金さんはお嬢さんを連れてこられ、私も娘を連れていき、娘同士も姉妹結縁をするという、親子三代のおつき合いという関係でした。年もそれぞれ同じでした。

こうして関わった方とは、親友以上の深い関係になりました。

情が深い韓国人

一九九二年、WFWPが韓国で創設され、韓鶴子夫人が総裁に就任されました。

ソウルで大会の準備をするため、韓国に飛んだことがあります。韓国に女性連合を定着させるため、小山田儀《のり》子さんや櫻井節子さん、横井捷《かつ》子さん、古田恭《きょう》子さんらと一緒に韓国で八カ月活動しました。

それぞれ、韓国の任地で人を集めて話すのですが、私に通訳としてついてくれたのが、田炳熀《チョンビョンファン》さんという、朴正熙《パクチョンヒ》大統領時代の軍人出身の人でした。

この方は「久保木夫人の通訳をさせていただき、本当に恩恵を受け、信仰を深めることができた」とおっしゃっていました。

「もうだめだと思った息子を置いて開拓伝道に行った話に特に感銘を受けた」と言い、「事情を先に出したら、霊界も何も働かなかったと思うけれども、羊のような従順さに教えられた」と感想を述べていらっしゃいました。

この方を伝道したのは、日本で全国祝福家庭総連合会総会長をされた任導淳《イムドスン》さんです。伝道されたばかりの頃で、あまり教会の深い事情はご存じありませんでした。

「このご恩をどのようにしたらお返しできるかと考えたとき、病気のご主人を日本に置いて大変な中を、こうして韓国に来てくださっている。奥様とすれば、どんなにご主人のことが気がかりだろうか。とにかく、ご主人の糖尿病を少しでも治してさしあげたら、一番、奥様は喜んでくださるのではないか」

田さんは、そう考えたそうです。

田さんの友人でタクシードライバーをしている人が、糖尿病になったものの、漢方薬を飲んで治ったそうです。その友人は顔も自分で洗えないほど糖尿病がひどかったのですが、その漢方薬で再び元気になり、ドライバーの仕事に戻ったというのです。

それで、「ご主人の病気が何とかよくなるように、私がその漢方薬を作って、ご主人に飲んでいただこう」と考えたというのです。韓国人は情が深く、それこそ親身になってくれます。私もその誠意に負けて、病身の主人に電話して韓国に呼び寄せました。

それでソウルのロッテホテルに三日間泊まって、その漢方薬を頂きました。その漢方薬は、二十四時間コトコト煮詰めて作るのですが、水を足さなければならないので、寝ずの番をしないといけません。奥様と二人で二十四時間、寝ずに煮詰めるという、驚くばかりの精誠を込めて作ってくださったのです。

そうした韓国人の情の深さには頭が下がりました。私より二、三歳、年上の方です。その方は、今も毎年のように年賀状とクリスマスカードはもちろん、贈答用の干し柿や、のり、松の実など、いろいろなものを送ってくださいます。私にとって忘れられない方です。

他の方々の通訳は、韓国にお嫁に行った日本人妻だったため、日常会話がやっとできるようになったくらいの通訳でした。どんなに頑張っても、韓国人が日本語ができて通訳する以上のものではなく、私は本当に恵まれていました。

四柱推命によると、私には人材と万物の運があるそうですが、本当にそう実感します。

WFWPと国連

WFWPは「人類は地球という一つの家に住む家族」を基本理念として、一九九四年から世界の開発途上国百六十カ国に、各国十人ずつ、千六百人のボランティアを派遣しています。ただ入国できない国もあり、そういう場合は、隣国で活動しながら時を待つという形での活動が始まっていきました。

女性の自立支援、子供の教育支援、医療、保健プロジェクトなど、それぞれの国のニーズに合わせ、様々なプロジェクトを立ち上げてきました。

国内の活動としては、これらの世界的活動の支援のため、チャリティーバザー、チャリティーコンサートなどを開催し、また日本に留学している学生の支援、青少年の健全育成、家庭再建、教育再建と、女性でなければできない活動を「お母さんの心」でしてきました。世界と国内での活動を実践し続けてきた結果、一九九七年に国連NGOとして認可を受けるに至りました。

二十一世紀はNGOの世紀、女性の世紀とも言われますが、WFWPは国連NGOとして、国連が目指す平和の文化建設、貧困撲滅など、国連ミレニアム開発目標に合わせて活動しています。

一九九七年の審査でWFWPが総合協議資格を有するNGOとして認可されました。認可されるためには世界で活動を継続することが不可欠で、四年に一度審査があり、現在まで四回の審査をクリアしてきました。

ＮＧＯとの連携に最も力を入れているのが経済社会理事会です。貧困、貿易、環境、工業化などの経済的問題や、人口、子供、住宅、女性の権利、人種差別、麻薬、犯罪、青少年問題、食糧など、社会的問題や人権問題、自由の尊重などに取り組んでいます。加盟国五十四カ国の理事国によって構成され、その任期は三年で、毎年三分の一ずつ改選されます。

国連は国際連合の略称で、現在百九十三の加盟国によって構成されている国際平和機構です。第一次大戦後、戦争の再発を防ぐために、国際連盟が創設されましたが、第二次世界大戦を防ぐことはできませんでした。そこで米国や英国など連合国が中心となり、国際連盟に代わる平和機構として一九四五年十月二十四日、五十一カ国によって国際連合が創設されました。

国連本部はニューヨーク、国際司法裁判所はオランダのハーグ、ユネスコはパリ、世界銀行はワシントン、国連難民高等弁務官事務所はスイスのジュネーブ、国連環境計画はケニアのナイロビ、国連大学は東京と、世界各地に拠点があります。

世界平和のために数多くのプロジェクトを展開している。
中東女性会議もその一つ

中東女性会議

ＷＦＷＰが大きな実績を上げているプロジェクトの一つが、中東女性会議です。世界平和実現の鍵を握っているのが東の朝鮮半島、西の中東と言われていますが、その中東問題解決のための会議です。

ＷＦＷＰでは、世界の火薬庫と言われる中東問題に関心を持ち、勉強を重ねてきました。そして第一回の中東女性会議を一九九七年五月、トルコで開催しました。

私は会長に就任して、トルコで開催された第五回会議から参加しましたが、中東の歴史の複雑さと、それが現代まで尾を引いている難しさを目の当たりにしました。そもそもイスラエル人とパレスチナ人を一つのテーブルに同席させることが困難なのです。

無理に同席させれば、激しく罵《のの》り合い、罵倒《ばとう》し合うのは避けがたいのです。

でも、そこが女性です。

「私たちがこうして罵り合って、一体、何が生まれるというのでしょうか。遠い日本の女性がこうして仲介に入って、中東平和のために開いた会議です。私たちは前進しなければなりません」

そうして、やっと握手をし、抱き合うことができたのです。中東女性会議は、そのようにして始まっていきました。

中東地域はいつも一触即発で、戦火の止まない所です。イスラエル・パレスチナ間の紛争が激化した時、危険なので今回は会議を中止しようかということが何度もありました。でも、こんな時代だからこそと開催したのです。今まで一度も中止したことはなく、十八回を数えています。

また、姉妹結縁式というのも、韓国と日本で始まり、米国、欧州へと全世界に展開してきました。

世界で立ち上げたプロジェクトは、大きなものだけでも五十は下らないと思います。小さなものまで含めると、もう数え切れません。

WFWPは、文先生のみ言《ことば》「為《ため》に生きる」の実践活動を、草の根運動として着実に世界に広げています。

WFWPの会長となって十四年余りの歳月が流れていきました。全国を駆け巡り、世界を駆け巡り、それまでに立派に引かれたレールの上を、素晴らしいスタッフに恵まれ、助けられてきました。

二〇一一年の第二十回総会は三月十六日に予定していました。ところが3・11東日本大震災が起き、日本中が大混乱となりました。

一年前から予約した会場、依頼した講演者、そして参加予定のゲスト……。いろいろ考えた末、「中止することはできない」と決行を決断しました。

あの大混乱の真っ只中《ただなか》で開催できたのは、天が共にあったからであり、また夫が共にあったのだと感じています。

天に感謝、感謝で終わった会長職でした。不足な会長でしたが、皆さん、本当にありがとうございました。

モザンビークの宝山さん

女性連合の活動で忘れられないのは、アフリカのモザンビークに赴任した宝山《ほうざん》晶子さんたちがベイラという都市に建ててた太陽中高校という学校のことです。最初は、四本の柱を立て、それこそ茅《かや》で屋根を葺《ふ》いただけの学校でした。日本で学校といえば、大量の資材を投入し、机や黒板、科学実験室に音響装置など、設備が大変なことになりますが、アフリカでは数本の柱に屋根を付ければ、それで学校です。

そこから始まって、今は立派な校舎が建ち、図書館も建設され、学校はどんどんレベルが上がって、国が認めるほどの教育機関になっています。

その後、宝山さんは学校運営の限界を感じ、帰国を考えるようになりました。そして、学校を国に献上して国に運営してもらおうということになったのです。私は、その譲渡式に行くことになっていました。

その直前、香港で行われた国際会議で総裁にお会いし、このことについていろいろ検討しました。その結果、宝山さんは葛藤を乗り越えて学校運営を継続することにしたのです。

宝山さんはモザンビークの州教育長官を訪問し、「再検討した結果、学校を継続することになりました」と率直に報告しました。すると長官は、「女性連合が続けるのであれば、何も問題はない」と譲渡のキャンセルを許諾してくださり、無事に学校運営を継続することができるようになったのです

その後、予定どおりにモザンビークに行った際、まず日本大使館に出向いて、大使を表敬訪問しました。それで事情を説明したのです。

二十分の予定が一時間半ほどになりました。そして大使館を出て、私は後にも先にもないようなトラブルに見舞われるのです。

モザンビークは危険なところです。タクシーにクーラーは付いていません。ですから窓を開けて走るのですが、金縁の眼鏡などしていようものなら、停車した時、窓の外から手が伸びてきて盗られ、ネックレスも引きちぎられると聞いていました。

それで、とにかくぼろぼろの服を着て、時計もはめてきてはいけないと、さんざん言われていましたので、ジーンズとTシャツ姿に、ずた袋の三点セットです。ずた袋には、お金が入っている小さなバッグが入っています。それで「タクシーに乗る時は、大きなずた袋一つ」と、頭にインプットされていました。

大使にお会いして名刺を出すのに、ずた袋からお金とパスポートが入っているバッグを出したのです。そのバッグは小さなショルダーだったので、失礼する時には、ずた袋に入れないまま大使館の前に待たせておいたタクシーに乗ったのです。

次にホテルでランチを取りました。ホテルも宗主国だったポルトガルの植民地時代に建てた立派なものがあり、そこへ行きました。ところがタクシーを降りる時、大きなずた袋しか持って降りなかったのです。パスポートとお金が入っているバッグを置いたまま降りてしまっていたのです。

普通、タクシーが走り去る時とか、すぐに気が付くものですが、私は全然気が付きませんでした。目の前にインド洋が見える景色の良い所で、脳天気に食事をしていると、ボーイがつかつかと寄ってくるではありませんか。タクシーを降りてから一時間少し過ぎていました。

ポルトガル語で「お客さま、何かお忘れになりませんでしたか」と聞くので、「私たち、何も忘れていないわよね」って、よりによって私がみんなに念を押したのです。そこでふと、坪井佳枝さんが「会長は、大丈夫ですか」と聞いてきて、初めて気が付いたのです。大ボケもいいところです。結局、タクシーのドライバーが車内の忘れ物を届けにきてくれていたのでした。日本のタクシーでもなかなかないような話です。

「この国でこんなこと、あり得ない。どうしてこんなことがあるのだろう？」

モザンビークでの生活が長い宝山さんもびっくりです。治安が悪くて「人を見たら泥棒と思え」というような国柄ですから。ましてや流しのタクシードライバーが忘れ物を届けてくるというのは、東南アジアでもあり得ないことです。

それでホテルから出ていって見ると、くだんのタクシードライバーがショルダーバッグを持って立っていました。そして「お客さま、お忘れになりました。中を調べてください」と言うのです。中は、そっくりそのままです。アフリカでは日本のパスポートが二百万円で売れるそうです。そのパスポートもキャッシュも、手つかずのまま返ってきたのです。いくらかドルでお礼をして、笑顔で帰っていくタクシードライバーを見送りました。

「なんてことだろう。会長には神様が付いている」

宝山さんもあきれるやら、不思議がるやら、しきりでした。タクシーのドライバーも、単なる観光客ではないと思ったのかもしれません。大使館に出向き、最高級のホテルで食事をするので、置き引きのようなことをしてはいけないと良心が働いたのかもしれません。それで一時間ちょっとして戻ってみたのではないかと思うのです。その間、幸運にも、他のお客さんが乗らなかったのです。日本であればすぐに次のお客が乗って、運転手も気が付かないまま置き引きされてしまうこともあります。

本当に私にとって不思議なモザンビークでの体験でした。

タクシーの運転席には十字架が下げられていて、「私はカトリックの信仰を持っている者です」と言っていましたから、ドライバーは敬虔《けいけん》なクリスチャンだったのでしょう。そういう良い人に巡り会ったのです。

私の確信は「万物と人材には恵まれる」というものですが、ますます「運の強い私」の確信度は高まりました。ただ、こちらに落ち度がある中で運を使うのは、勧められたものではありません。

盗られても失わない

私はスリには何度か狙われたのですが、スリは財布を盗るつもりで、手帳を盗っていったりしました。財布はその奥にあったのです。彼らのがっかりした落胆ぶりが目に浮かぶようです。

丸の内線の地下鉄で、それほど混んでいる電車ではなかったのですが、外国人グループに囲まれたことがあります。お客さんたちが「変な混み方しているわね」と言っているのを聞いたのは覚えています。それでも、私は自分の周囲のことだとは全然気がつかないのです。

電車を降りたらバッグが十センチほど切られていました。私を囲んだ外国人たちはスリのグループで、カッターを使った犯行が周りに見えないようにガードしていたのです。

それでも、スリに遭遇しても、一度も財布を盗られたことはありません。

ニューヨークの五番街でも十四、五歳の子供を連れた外人に、どこまでも付きまとわれたことがあります。私は全く気がつかないのですが、小山田さんと古田さんが、「この人たち、いつもくっついてくるわね」と言っていました。それがスリでした。途中、信号待ちとかで何度かハンドバッグあたりでガサガサと音がして、見ると口が開いているので締めたりしていました。不思議だなと思うけれども、別に何も盗られていないのです。

ところが、トランプタワーに入る時、回転ドアで一人一人入るのですが、それを待っている間に、バッグをやられたのです。

それで私がはっと気が付いて、「あなた!」と男の子を指すと、「何も盗っていないよ。

この人だよ」言って、古田さんを指すのです。

財布を抜いたものの、私が気が付いたので、さっと古田さんの紙袋の中に入れようとしたのです。しかし、手際が悪く、下に落としてしまったのです。

「私？　何？」と古田さんが驚いて周りを見ると、下に財布が落ちていたのです。

そのように、盗られても失わないというのが度々ありました。久保木も「盗られちゃうのに戻るというのは不思議だなあ」とよく言っていました。

かつて、世界旅行の時、パリの空港でバッグをそっくり盗られた以後は、いつも失敗でしたね、ドロボウさん！

本当に運の良い私でした。

仰天の同窓会

皆さんから「元気だ。若いわね」とよく言われます。その多くは社交辞令だとは思いますが……。

少し前に、何年かぶりに女学校の同窓会がありました。もちろん、みんな八十歳過ぎですが、「本当に、この人たちが私の同級生なの？」と驚いたのです。その時、「私は本当に若いのかも」と密《ひそ》かに自信を持ったものです。

みんな杖《つえ》をついたり、腰が曲がっていたり、足が上がらなかったり……。それでも同窓会に来られるだけもよいのです。来られない方は、何か用事があるというよりは、入院していたり、寝たきりになっていたりとか、何人かは既に亡くなっている方もいらっしゃいます。

その点、私は背中はピンとしているし、杖も使いません。それどころか、十数時間かけてニューヨークに行ったりして、平気で世界中に出掛けているのです。

健康管理

四歳で一度死んだ私ですが、その後は大病をすることもなく、今年（二〇一五年）誕生日を迎えれば八十四歳になります。

健康の鍵は神様が持っておられます。健康で長生きしたいと、誰もが願います。長生きをしても、寝たきりで周りに迷惑を掛けたのでは仕方がありません。

私が健康に気をつけ始めたのは七十歳になった時、ＷＦＷＰの会長になって間もなくでした。

健康診断などすれば、悪いところの一つや二つは必ずあると言われるでしょうから、それまで一度も健康診断を受けたことがありませんでした。そのことを話すと、「会長、だめです。健康診断を受けてください」と勝手に予約を入れられてしまいました。それで仕方なく、嫌々受けたのですが、結果は、どこにも異常はありませんでした。それ以来、年に一度は受けるようになりました。

夫の看病にすべてを注いで、自分のことなど考える暇がなかった私も、その頃から自分の健康を考えるようになりました。間食や食べ過ぎはしないように気をつけています。そして黒酢（リンゴ酸）健康法と玉ねぎ氷です。

玉ねぎ氷というのは、玉ねぎを電子レンジで二十分ほど柔らかくし、それをミキサーでトロトロにし、冷蔵庫の製氷皿に入れて凍らせれば出来上がりです。その氷を味噌《みそ》汁に一個入れたり、黒酢と一個、あるいは牛乳と蜂蜜《はちみつ》を入れて飲むのです。それで血圧は上が一二〇から一三〇、下は六八から七〇と、全く正常値になっています。

降圧剤だけではそれほど下がらなかった血圧が、これによって本当に下がり、安定してきたことを思うと、私に合っているのではないかと思うのです。

私の性格でもありますが、良いと思ったことは長く続けます。もう三年余りになります。

歩け、歩けと誰もが言います。でも、自分の健康のために歩くことはしませんでした。WFWPの韓鶴子《ハンハクチャ》総裁が、とにかく歩きなさい、健康管理は自分自身でしなければなりませんとおっしゃられ、総裁ご自身が歩き始められた時から、私も歩いてみようと始めたのです。もう八カ月になるでしょうか。

天気が良ければ、午前中、新百合ヶ丘から柿生《かきお》まで、麻生《あさお》川の川沿いを往復すると、一時間になります。電車で一駅ですから、何キロあるでしょうか。その川の両岸には桜の木が植えられ、何十年、あるいは何百年か知りませんが、ものすごく太い老木で、それはそれは見事なものです。排気ガスもなく、きれいな川べりを一時間歩く、こんな近くに素晴らしい場所があったのに、もったいない過ぎた月日を悔やみながら歩いています。

その結果は、本当に驚くばかり。体重が四キロ減り、今や五キロ減になろうとしています。何よりも体が軽くなると動きが違ってきて、心まで軽やかになってきます。

でも、強い意志力がないと、なかなか続けることはできません。一人で歩くということはなかなか大変です。友人と一緒とか、ご夫婦で歩いておられる方が最近は多く見られるようなりました。

健康がいかに大切か、感謝しなければならないかを、切実に感じるこの頃です。

夫は本当に文鮮明《ムンソンミョン》先生に愛されました。私も愛されました。「哲子は私が伝道したんだよ。久保木じゃないよ」と言われるのです。

その文先生も聖和《ソンファ》（他界）なされて三年になろうとしています。

同じ人と二度、結婚式を挙げた私たち夫婦です。佼成会の妙佼《みょうこう》先生から「あの二人は一緒にさせてあげるんだね。幸せになるんだよ」とお許しを頂いて結婚したのが一度目。夫が「統一原理」を知るまでは、本当に幸せな人生でした。

ところが、夫が思い詰めたように、「僕たちの結婚は本当の結婚ではなかった。だから本当の結婚をしなくてはならない！」と言うのです。

「一体、この人は何を言っているんだろう」。それが、私の率直な気持ちでした。

「本当の結婚？」

「今、あなたに何を話しても理解できないだろう。とにかく、僕を信じてついてきてほしい！」

到底理解できないこの一言だけで、様々な心情を味わいながら通過した七年間でした。

そうして、文先生によって、もう一度、「本当の結婚」をしたのです。

それを理解し、支えてくださった両親や兄弟……。なんて幸せな人生であったことでしょうか。夫婦だけでなく、皆が強い愛と信頼で結ばれていました。それが統一教会の祝福であり、原理の神髄なのです。

振り返ってみれば、到底、考えることすらできない波瀾《はらん》万丈の人生でしたが、「そこに愛あればこそ」の一言に尽きると思います。

「女として、女性として、本当に幸せな人生でした」と、声を大にして申し上げることができます。

エピローグ

現代は科学の時代、理性の時代です。

神を証明するのに昔は比喩《ひゆ》を用いましたが、「統一原理」は、科学と歴史を通して、神がどのような性稟《せいひん》を持たれ、どのように働いてこられたのかを明確に説いています。

文鮮明《ムンソンミョン》先生は「私は自然が大好きだ。この自然を見て、神がいないなどとどうして言えるのか」と言われます。

秩序整然と運行している自然は、目には見えない、ある法則性の下で、お互いがお互いのために関わり合って発展し続けています。

蝶《ちょう》が花の蜜を求めて飛び回るのも、蜜をもらいながら、花の受粉を助けて種子を残させるためです。

動物の親が子を守るのは、一体、誰に教えられてそのようにするのでしょうか。

日本の国鳥、雉《きじ》は地面に巣を作り、卵を産み、雛《ひな》を育てます。春先の山火事の後《あと》、真っ黒焦げになって卵を抱いている親鳥の姿は、母性愛の極致です。

フランスではペリカンが一日中、餌《えさ》を求めて歩き回っても見つからないとき、自分の内臓をくちばしでつついて引っ張り出し、子供に与えるのだそうです。もちろん、親は死んでしまいます。

自然界の動植物は、こうして命を存続させてきたのです。みんな神様に命を頂いているのです。神様が愛そのもの、愛の根本であられるから、誰に教えられなくても、己を犠牲にしてでも愛する子の命を守ろうとするのです。

「他の為《ため》に生きよ」。これが「統一原理」の神髄であり、これこそが真理です。人生、誰に出会うかによって大きく変わります。

夫は中国大陸で生まれ、日本人でありながら中国大陸の水と空気で十三歳まで育った、日本人らしくない日本人です。

終戦で引き揚げ者となり、夢にまで見た祖国日本は焦土と化し、人々の心は荒《すさ》んでいました。失意のどん底にあった時、母親に連れていかれて宗教の世界を知り、やがて仏教からキリスト教の世界へと導かれます。その背景には、人知を超えたものがありました。

夫の父親は、まだお会いしたこともない、写真で見たこともない文鮮明《ムンソンミョン》先生に「親子二代にわたって人生の新しい出発が韓国という地でした。これは何と奇《く》しき因縁としか言いようがありません」とお手紙にしたためました。そのように、夫にしても、私にしても、文先生との出会いが人生の大きな分かれ道でした。

幸福になる道と不幸になる道の二つの道が、いつも私たちの前にはあります。でも、それを選ぶのは私です。

私と夫も、赤い糸で結ばれ、引き合い、出会い、結ばれたのでしょう。

誰にも経験できないスリルに満ちた波瀾《はらん》万丈の人生と言えば、そうだったのかもしれません。でも、女性としては最高の幸せな生涯でした。

夫とは四十二年間連れ添いました。夫は少し早く亡くなりましたが、本当に「パパありがとう。幸せでした」と、この本を結ばせていただきます。

そして今は「去華《きょか》就実《しゅうじつ》」の思いに駆られています。華やかな時代は去り、これからの残りの人生、どのような実を結ぶかが問題だからです。

回顧録を書くに当たって、最初から最後まで寄り添い、温かい励ましと的確な示唆を与えてくださった鴨野守広報局長に感謝しつつ、筆を置きます。

著者略歴
久保木 哲子（くぼき てつこ）

1931年　東京に生まれる。
　　　　４歳のとき病気のため長野県上田市の祖母の家へ。
　　　　東京の鴎友学園で学ぶ。上田に疎開し、上田高等女
　　　　学校で学んだ後、再び鴎友学園へ。ドレスメーカー
　　　　女学院卒業。
1953年　立正佼成会に入教。
1955年　久保木修己氏と結婚。
1960年　久保木修己氏、統一教会に入教。
1964年　久保木修己氏、統一教会会長に就任。
1967年　文鮮明先生に初めてお会いする。宮崎で開拓伝道。
1968年　430双の祝福を受ける。
　　　　聖和婦人会会長などを務める。
1998年　久保木修己氏、聖和（他界）。
1999年　世界平和女性連合（ＷＦＷＰ）会長。
2012年　同連合会長を退任。

愛あればこそ　回顧録

2015年５月25日　初版発行

著　者　久保木 哲子
発　行　株式会社　光　言　社
　　　　〒150-0042　東京都渋谷区宇田川町37-18
　　　　電話 03-3467-3105（代表）
　　　　　　 03-3460-0429（営業部）
　　　　http://www.kogensha.jp
印　刷　株式会社　ユニバーサル企画

ISBN978-4-87656-185-8